Janos Jacsman, René Ch. Schilter

**Nutzung des Bodens für Sport, Erholung und Tourismus**
**Teil 1: Grundnutzungen**

Janos Jacsman, René Ch. Schilter

# Nutzung des Bodens für Sport, Erholung und Tourismus

## Teil 1: Grundnutzungen

ORL-Bericht 102/1997

v/d/f  Hochschulverlag AG an der ETH Zürich

**Publikationsreihe des
Instituts für Orts-, Regional-
und Landesplanung
ETH Hönggerberg**

**Institutsleitung:**
**Prof. Dr. Jakob Maurer**
**Prof. Franz Oswald**
**Dr. Angelo Rossi (Honorarprofessor HöV)**
**Prof. Dr. Willy A. Schmid**

**Titelbild:**
**Fotocollage**

**1997**
**© vdf   Hochschulverlag AG**
**an der ETH Zürich**

**ISBN 3 7281 2429 X**

**Der vdf auf Internet: http://vdf.ethz.ch**

Die Deutsche Bibliothek – CIP-Einheitsaufnahme

**Jacsman, Janos:**

Nutzung des Bodens für Sport, Erholung und Tourismus / Janos Jacsman; René Ch. Schilter.
[Institut für Orts-, Regional- und Landesplanung, ETH Zürich]. – Zürich: vdf, Hochsch.-Verl.
an der ETH

Teil 1. Grundnutzungen. – 1997
Berichte zur Orts-, Regional- und Landesplanung; 102)
ISBN 3-7281-2429-X brosch.

## Vorwort

Der sparsame Umgang mit der Ressource "Boden" gehört heute zu den wichtigsten Zielen der schweizerischen Raumplanung. Beansprucht wird der Boden insbesondere für Wohn- und Arbeitsplätze, Verkehrs- und andere Infrastrukturanlagen sowie für Freizeit und Erholung. Der Verkehr erhebt zur Zeit kaum neue Raumansprüche, und die Siedlungsentwicklung konzentriert sich vermehrt auf die innere Verdichtung. Hingegen nimmt der Flächenbedarf für Freizeit- und Erholungsaktivitäten stetig weiter zu. Diese Zunahme ist teils auf die wachsende Popularität schon bekannter Erholungs- und Sportaktivitäten (wie z.B. Golf und Tennis), teils auf das Aufkommen neuer Freizeitaktivitäten (Varianten-Skifahren, Mountain-Biking, River Rafting, In-Line Skating usw.) zurückzuführen.

In unserem Forschungsprojekt „Nutzung des Bodens für Sport, Erholung und Tourismus in der Schweiz" soll der heutige Flächenbedarf für Sport, Erholung und Tourismus erfasst bzw. dessen voraussichtliche Entwicklung geschätzt werden. Differenziert wurden die genannten Bodenbeanspruchungen in Grundnutzungen und überlagernde Nutzungen, wobei sie sowohl flächenhaft wie auch linear erfasst werden. Die Beanspruchung des Bodens im Sinne einer Grundnutzung ist immer dann gegeben, wenn durch die Ausübung der Aktivitäten oder die erstellten Anlagen andere Nutzungen ausgeschlossen werden. Sport, Erholung und Tourismus als überlagernde Nutzungen beschränken oder beeinträchtigen einerseits die überlagerten Nutzungen (v.a. Land- und Forstwirtschaft), andererseits bedingen sie diese aus Gründen der Nachhaltigkeit der Funktionserfüllung (Pflege der Landschaft).

Der **vorliegende Bericht** enthält die ersten Resultate des genannten Forschungsprojektes. Sie betreffen die beanspruchten Flächen für Sport, Erholung und Tourismus als **Grundnutzungen**. Zuerst werden fünf Teilstudien über die beanspruchten Flächen für

a) Erholungs- und Grünanlagen,

b) Turn-, Spiel- und Sportanlagen,

c) Spazier- und Wanderwege,

d) Touristische Bergbahnen und

e) Bauten für Beherbergung und Verpflegung

vorgestellt und deren Ergebnisse kommentiert. Ihnen schliesst eine Synthese an, in deren Rahmen die Ergebnisse der Teilstudien aggregiert und beurteilt werden. Abschliessend folgt eine Vorschau auf die künftige Entwicklung der Grundnutzungsflächen für Sport, Erholung und Tourismus.

Die Ergebnisse des Forschungsprojektes sind zunächst als ein Beitrag zum Vollzug eines gesetzlichen Auftrages, nämlich der ständigen Raum- und Umweltbeobachtung, zu sehen. Dazu ist generell festzuhalten, dass die vorhandenen Daten über den Flächenverbrauch für Sport, Erholung und Tourismus sehr mangelhaft sind. Wir hoffen, mit der Publikation dieses Berichtes die bestehenden Lücken in der Flächenstatistik über die Grundnutzungen für Sport, Erholung und Tourisumus - so umfassend wie nur möglich - zu schliessen.

Im weiteren sollen die Ergebnisse des Forschungsprojektes Grundlagen für nachfolgende Studien liefern. Das Ziel dieser Studien soll darin bestehen, für die Begrenzung bzw. Verminderung freizeitbedingter Bodenbeanspruchungen konkrete Handlungsvorschläge zu erarbeiten. Hierbei geht es also vor allem darum, die Möglichkeiten und Chancen, aber auch die Grenzen des Nutzungsbereichs „Sport, Erholung und Tourismus" im Rahmen einer nachhaltigen Raumentwicklung aufzuzeigen.

Die Ergebnisse des Forschungsprojektes über die überlagernden Erholungsnutzungen sollen in einem späteren Zeitpunkt publiziert werden.

Zürich, im Januar 1997

Prof. Dr. W.A. Schmid
PD Dr. J. Jacsman

# Inhaltsverzeichnis

# 1. EINLEITUNG

## 1.1 Begründung und Ziele der Studie

Forschung im Bereich Freizeit wird in der Schweiz seit längerer Zeit betrieben. Die ersten Arbeiten gehen auf die sechziger Jahre zurück. Angeregt von der Schweizerischen Gesellschaft für Soziologie, wurden in den Städten Aarau, St. Gallen und Zürich repräsentative Befragungen über das Freizeitverhalten durchgeführt. Im Vordergrund der Untersuchungen standen berufsspezifische bzw. sozialpsychologische, wirtschaftliche und soziologische Aspekte des Freizeitverhaltens der Bevölkerung[1].

In den siebziger Jahren wurde am Institut für Orts-, Regional- und Landesplanung (ORL-Institut) der ETH Zürich an einem Forschungsprojekt "Freizeit und Raumplanung" gearbeitet. Ziel des Projektes war es, die Flächenansprüche der Bevölkerung für die Freizeit zu bestimmen. Das Projekt war dreistufig angelegt. Die erste Stufe begann mit Literaturanalysen in den Bereichen Soziologie, Pädagogik und Medizin. Im Anschluss an die Literaturanalysen hatten Juristen und Ökonomen die Konsequenzen aufzuzeigen, die sich aus den aufgestellten Forderungen der vorhin genannten drei Disziplinen ergaben. Die zweite Stufe hatte die in der Stufe 1 erarbeiteten Resultate in Ziele und Grundsätze der Freizeitplanung umzusetzen. Darin waren die übergeordneten Ziele der Freizeitplanung, die Freizeitbedürfnisse der Bevölkerung unter Berücksichtigung des Erholungsbedürfnisses, die Anforderungen an das Freizeitangebot und die Freizeitfolgeeinrichtungen konkret angesprochen. In der dritten Stufe war die Ausarbeitung von Richtlinien für die Freizeitplanung vorgesehen: Namentlich die Ausarbeitung von Richtlinien zur Bewertung der Landschaft für die Erholung, für die Planung einzelner Kategorien des Freizeitangebotes und für spezielle Einzelaspekte der Freizeitplanung.[2]

Wie bekannt, konnte das Projekt nicht planmässig zu Ende geführt werden. Der Grund dafür war die Umorganisation der schweizerischen Raumplanung, wodurch die Richtlinienarbeiten des ORL-Institutes hinfällig

---

[1] Siehe Vogt, W.: Der Beamte in seiner Freizeit. (Vervielfältigter Forschungsbericht) Zürich 1962,
Schweizer, K.: Das Freizeitverhalten der Bevölkerung von St. Gallen in wirtschaftlicher und soziologischer Sicht. St. Galler Dissertation. Basel 1963
Hanhart, D.: Arbeiter in der Freizeit. Bern und Stuttgart 1964
[2] Winkler. E., Rieper, P. u.a.: Freizeit und Raumplanung. Berichte zur Orts-, Regional- und Landesplanung Nr. 28. Zürich 1974. S., I/6 ff.

wurden. Für das neue Bundesamt für Raumplanung - damals noch " den Delegierten für Raumplanung" - hatten andere Aufgaben Vorrang. Die Ergebnisse der Literaturanalysen sind in einer Publikation des ORL-Institutes zu finden[1]. Auch die zweite Stufe konnte noch abgeschlossen werden, aber der Entwurf der "Richtlinien mit Grundsätzen der Freizeitplanung" wurde nicht mehr veröffentlicht[2], geschweige denn genehmigt. Aus der dritten Phase resultierte ebenfalls ein Richtlinienentwurf[3]. Er wurde umgearbeitet und als Studienunterlage des ORL-Institutes publiziert"[4].

In den folgenden Jahren waren es die Universität Bern[5] und die Hochschule St. Gallen[6], die sich mit der Freizeit bzw. dem Freizeitverhalten des Menschen, allerdings nur im Kontext mit dem Tourismus, beschäftigten. Diese bewusst auf den Tourismus begrenzte Sicht hatte ihre Vor- und Nachteile. Die Vorteile ergaben sich dadurch, dass die beiden Universitäten vertiefte Studien durchführen konnten. Dabei wurden in Bern vermehrt Integralansätze bevorzugt, um das Problem gleichzeitig aus wirtschaftlicher, ökologischer und soziologischer Sicht zu erforschen. In St. Gallen ging es vor allem um die wirtschaftlichen und mobilitätsspezifischen Aspekte des Tourismus. Das Freizeitverhalten der Bevölkerung an Werk- und den einzelnen Wochenendtagen (d.h. ohne Übernachtungen ausserhalb des Wohn- und Arbeitsortes) wurde weder in Bern noch in St. Gallen untersucht. Ebenso wenig waren raumbezogene Aspekte - mit Ausnahme der ökologischen - Gegenstand der dortigen Untersuchungen.

Nicht zu vergessen sind aus dieser Zeit die Bemühungen des Eidgenössischen Statistischen Amtes, wenn es auch keine Forschungsarbeiten durch-

---

[1] Winkler. E., Rieper, P. u.a.: Freizeit und Raumplanung. Berichte zur Orts-, Regional- und Landesplanung Nr. 28. Zürich 1974

[2] Rieper, P.: Richtlinien mit Grundsätzen der Freizeitplanung (Entwurf). ORL-Institut ETH Zürich 1976 (vervielfältigt).

[3] Joly, A. u.a.: Richtlinien für die Ermittlung und Ausscheidung von Erholungsgebieten in der Landschaft. Entwurf. ORL Institut ETH Zürich 1975 (vervielfältigt) sowie

Joly, A. u.a.: Erläuterungen zu den Richtlinien für die Ermittlung und Ausscheidung von Erholungsgebieten in der Landschaft. Entwurf. ORL Institut ETH Zürich 1975 (vervielfältigt).

[4] Schilter, R.Ch. und Jacsman, J.: Ermittlung und Ausscheidung von Erholungsgebieten. Studienunterlagen zur Orts-, Regional- und Landesplanung Nr. 51. Zürich 1981

[5] Genauer das Forschungsinstitut für Fremdenverkehr, heute Forschungsintitut für Freizeit und Tourismus.

[6] Das Institut für Fremdenverkehr und Verkehrswirtschaft.

führte. In Zusammenarbeit mit der Eidgenössischen Turn- und Sportschule erschien gegen Ende der siebziger Jahre eine gesamtschweizerische Zusammenstellung über die Turn- und Sportanlagen in den Gemeinden.[1] Anfang der neunziger Jahre konnte die lang erwartete neue Auflage der Arealstatistik der Schweiz veröffentlicht werden[2]. Diese Publikation enthält Angaben über die Erholungs- und Grünanlagen in den Gemeinden.

Den jüngsten Impuls zur Freizeitforschung gaben die Arbeiten im Auftrage des Schweizerischen Wissenschaftsrates[3]. Speziell die Studie "Forschungslücken in den Bereichen Freizeit-Mobilität-Tourismus"[4] versuchte die Bedeutung der Freizeit zu betonen und propagiert deren vertiefte Erforschung. Wir müssen jedoch festhalten, dass die in diesem Rahmen entwickelten Vorschläge aus raumplanerischer Sicht nicht voll befriedigen. Die Begrenzung der Problemstellung auf die Mobilität und den Tourismus im Kontext der Freizeit lässt den *Raum* bzw. die Auswirkungen der Freizeitnutzung auf den Raum wie auch auf die *tägliche Freizeit* der Bevölkerung in den Hintergrund treten und unterschätzt damit letztlich die Wichtigkeit der Freiräume in den Wohngebieten und den Ausflugsregionen. Dabei wissen wir, dass diese Freiräume für die Freizeit der Bevölkerung immer bedeutender werden. Daraus folgt, dass die Freizeitforschung auch im Zusammenhang mit der Raumplanung intensiviert werden muss.

Unsere Ausgangslage ist praktisch vergleichbar mit jener des ORL-Institutes zu Beginn der siebziger Jahre: "In Studien, die Freizeit anscheinend als vorrangiges Problem behandeln, stehen in der Regel entweder die Funktionen der Konsumtion oder der Regeneration der Arbeitskraft - also wirtschaftliche Aspekte - im Vordergrund. Nicht ökonomisch motivierte Planungen im Freizeit-Sektor dagegen erfolgten bisher weitgehend ziellos und zufällig."[5] Im Gegensatz zu den siebziger Jahren ist jedoch die Frei-

---

[1] Eidg. Statistisches Amt und Eidg. Turn- und Sportschule: Turn- und Sportanlagen (Stand: Oktober 1975). 10 Bände. Bern und Magglingen, o.J.

[2] Bundesamt für Statistik: Arealstatistik der Schweiz 1979/85. Resultate nach Gemeinden. Bern 1992

[3] Siehe die Berichte der Forschungspolitischen Früherkennung FER:
- Nr. 136/93: "Freizeit, Mobilität und Tourismus aus sozioökonomischer Sicht";
- Nr. 137/93: "Freizeit, Mobilität und Tourismus aus soziologischer Sicht" und
- Nr. 138/93: "Forschungslücken in den Bereichen Freizeit-Mobilität-Tourismus".

[4] Krippendorf-Demmel, S.: Forschungslücken in den Bereichen Freizeit-Mobilität-Tourismus. Forschungspolitische Früherkennung FER 138/1993. Bern 1993. 121 S.

[5] Winkler, E., Rieper, P. u.a.: Freizeit und Raumplanung. Berichte zur Orts-, Regional- und Landesplanung Nr. 28. Zürich 1974. S. I/5

zeit für die Raumplanung nicht mehr oder jedenfalls nicht allein ein Bedürf-
nisfaktor, aufgrund dessen sich ein wichtiger Nutzungsanspruch ableiten
lässt, sondern ebenso auch ein erheblicher Belastungsfaktor für Natur und
Umwelt, dessen Auswirkungen zu begrenzen sind. Die Belastungen durch
Freizeitaktivitäten äussern sich im Bodenverbrauch, in der Boden-, Luft-
und Wasserverunreinigung sowie einer Störung und Beeinträchtigung der
Tier- und Pflanzenwelt.

Der sparsame Umgang mit der Ressource "Boden" gehört heute zu den
wichtigsten Zielen der schweizerischen Raumplanung[1]. Beansprucht wird
der Boden insbesondere für Wohn- und Arbeitsplätze, Verkehrs- und Infrastrukturanlagen sowie für die Freizeit, wobei der Verkehr zur Zeit kaum
neue Ansprüche erhebt, und die Siedlungsentwicklung sich vermehrt auf
die innere Verdichtung konzentriert. Einzig der Flächenbedarf für Freizeitaktivitäten nimmt stetig weiter zu, was auf die Befriedigung teils alter,
teils neuer Bedürfnisse zurückgeführt werden kann. Die vorliegende Studie
hatte einen Teil dieses Flächenbedarfs - d.h. den Flächenbedarf für Sport,
Erholung und Tourismus - zu erfassen.

Die Ergebnisse der Studie sind zunächst als Ergebnisse der Bemühungen
zum Vollzug eines gesetzlichen Auftrages, nämlich der ständigen Raum-
und Umweltbeobachtung, zu sehen. Die Informationen über den Flächenverbrauch für Sport, Erholung und Tourismus in der Schweiz sind sehr lük-
kenhaft. Mit dem ersten Schritt soll die bestehende Situation - soweit
möglich umfassend und vollständig - erfasst werden. Darüber hinaus sollen
Grundlagen für eine nachfolgende Studie erarbeitet werden, deren Ziel
darin bestehen wird, für die Begrenzung bzw. Verminderung freizeitbedingter Bodenbeanspruchungen konkrete Handlungsvorschläge zu entwik-
keln.

## 1.2 Konkretisierung der Aufgabenstellung

Im Gegensatz zu den heute sehr populären Begriffspaaren "Freizeit und
Erholung" bzw. "Freizeit und Tourismus" verzichten wir bewusst auf die
Nennung des Freizeitbegriffs im Titel der Arbeit. Damit wollen wir im
vornherein verhindern, dass über den inhaltlichen Umfang des Projektes
falsche Vorstellungen geweckt werden. Nicht erfasst werden sollen also
durch die Studie der Flächenbedarf für kulturelle und soziale Freizeitaktivitäten wie auch der Flächenbedarf für Vergnügen, Unterhaltung usw..

---

[1] Art. 1 Abs. 1 RPG

Als **zentralen Begriff** der Arbeit sehen wir den Begriff **"Erholung"**, der im Sinne der Freiraumerholung verstanden wurde. Hauptmerkmal der Freiraumerholung ist die zeitlich begrenzte, periodische Nutzung des Freiraumes durch die Erholungsuchenden. Entscheidend ist dabei die tatsächliche Benutzung oder Beanspruchung des Raumes durch die erholungsuchenden Menschen. Da das Übernachten - unabhängig vom Ort - nicht zu den Erholungsaktivitäten im Freiraum zählt, ist die Dauer der Freiraumerholung auf die Tagesstunden begrenzt. Aus dem gleichen Grunde ist aber die Freiraumerholung auch räumlich fixiert: Nur Freiräume innerhalb und in der Nahumgebung einer Siedlung können in der kurzen Zeit aufgesucht, benutzt und wieder verlassen werden. Der Begriff der Freiraumerholung vereinigt damit die Erholung im und am Wohnort, die Erholung im und am Wochenend- oder Ferienaufenthaltsort und auch die Erholung im Tagesausflugsgebiet. Die gemeinsame Nutzung des gleichen Raumes verwandelt ortsansässige Besucher, Wochenend- und Feriengäste sowie Tagesausflügler aus der Umgebung zu gleichartigen und gleichwertigen Akteuren der Freiraumerholung. Der "Freiraum" umfasst die nicht überbauten Gebiete innerhalb und ausserhalb der Siedlungen. Dementsprechend gibt es

a) eine siedlungsinterne, in der Regel anlagengebundene und

b) eine siedlungsexterne, sog. naturnahe Freiraumerholung.

Einrichtungen und Anlagen sind öfters auch für die Durchführung von Erholungsaktivitäten in der freien Landschaft eine Voraussetzung.

Innerhalb der Freiraumerholung in naturnahen Gebieten können aufgrund der Anforderungen der Erholungsaktivitäten an die Landschaft drei Hauptformen unterschieden werden:

1. die allgemein landschaftsorientierte Erholung
2. die wassergebundenene Erholung
3. die schneebezogene Erholung.

Eine vierte Hauptform könnten jene Aktivitäten bilden, deren Hauptmerkmal das Fliegen ist, so dass sie den Boden nur für das Starten und das Landen beanspruchen.

Die Nennung des Begriffs **"Sport"** im Titel der Studie wird damit begründet, dass die sog. sportlichen Aktivitäten sowohl der Erholung als auch dem Lebensunterhalt dienen können. Mit dem Begriff Erholung ist aber der Berufssport nicht vereinbar. Eine klare Trennung zwischen sporttreibenden Erholungsuchenden und Berufssportlern ist jedoch nicht immer möglich, und weil die beiden Gruppen oft den gleichen Raum bzw. die gleiche Anlage benutzen, erscheint es zweckmässig, den "Sport" ungeteilt in die Untersuchung einzubeziehen.

Die Verwendung des Begriffs **"Tourismus"** ist ebenfalls inhaltlich begründet, wobei hier neben einer horizontalen auch eine vertikale Komponente als wichtig erscheint. Auf der horizontalen Ebene überlagert der Begriff Tourismus die Erholungsaktivitäten der Wochenend- und Feriengäste im und am Aufenthaltsort sowie evtl. auch die Erholungsaktivitäten der Tagesausflügler[1], nicht jedoch die Erholungsaktivitäten der einheimischen Bevölkerung im und am Wohnort, da diese keine Ortsveränderung vornehmen. In der vertikalen Richtung erfasst der Begriff Tourismus auch die Zu- und Wegfahrt in die Erholungsgebiete und den Aufenthalt mit Übernachtung in diesen Gebieten bzw. die damit verbundenen Aktivitäten der Gäste und der Ausflügler. Da diese Aktivitäten auf Anlagen und Einrichtungen angewiesen sind, die ebenfalls und zumeist sogar viel Raum beanspruchen, ist es sinnvoll, sie im Rahmen der Studie zu berücksichtigen.

Für die Aktivitäten Sport, Erholung und Tourismus kann der Boden auf unterschiedliche Art und Weise beansprucht werden. In der vorliegenden Untersuchung wird die raumplanerische Betrachtungsweise gewählt. Danach können die Bodenbeanspruchungen

a) als Grundnutzungen

b) als überlagernde Nutzungen und

c) als durch Immissionen und andere Störungen beeinträchtigte Räume

in Erscheinung treten.

Die Beanspruchung des Bodens für Sport, Erholung und Tourismus im Sinne einer **Grundnutzung** ist immer dann gegeben, wenn durch die Ausübung der Aktivitäten oder die erstellten Anlagen eine andere Nutzung verhindert bzw. ausgeschlossen wird. In den Nutzungsplänen wird für die Grundnutzungen eine eigene Nutzungszone ausgewiesen. Der Erholungsnutzung als Grundnutzung dienen heute u.a. die Zone für öffentliche Bauten und Anlagen, die Grünzone, die (eigentliche) Erholungszone und die Freihaltezone.

Sport, Erholung und Tourismus als **überlagernde Nutzungen** beschränken oder beeinträchtigen einerseits die überlagerten Nutzungen, andererseits bedingen sie diese Grundnutzungen aus Gründen der Nachhaltigkeit der Funktionserfüllung (Pflege der Landschaft). In der Nutzungplanung können solche überlagernde Nutzungen durch spezielle Nutzungszonen (z.B. Skizone) gekennzeichnet werden, die eine Grundnutzungszone

---

[1] In mehreren Definitionen des Tourismus ist die Übernachtung ausserhalb des Wohnortes ein wichtiger Bestandteil des Begriffes, in anderen wird nur ein Ortswechsel vorausgesetzt.

(i.d.R. Landwirtschaftszone, selten Wald) überlagern. Oft werden überlagernde Erholungsnutzungen jedoch nur im Richtplan festgehalten.

Die dritte Gruppe umfasst Aktivitäten bzw. Anlagen und Einrichtungen, von denen **Emissionen und andere Störungen** ausgehen, welche die Bodennutzung in der nahen Umgebung beeinträchtigen können[1]. Raumplanerisch relevant sind die beeinträchtigten Flächen: Sie werden im Rahmen der Richtplanung erfasst und bearbeitet (Interessenabwägungen, Konfliktbereinigungen).

Die Beanspruchung des Bodens kann in allen drei Kategorien flächenhaft, linear und punktuell erfolgen. Für Erholung, Sport und Tourismus wichtig sind vor allem die flächenhaften und die linearen Nutzungen. Das **inhaltliche Konzept der Untersuchung** konnte daher von folgenden Strukturlementen ausgehen:

- Grundnutzungen:
    - Flächen:
        - Anlagen für Turnen, Spiel und Sport
        - Grünflächen gemäss Arealstatistik
        - Flächen für Übernachtung und Verpflegung
        - Andere Flächen
    - Linien:
        - Spazier- und Wanderwege
        - Touristische Bahnen
        - Andere Linien

- Überlagernde Nutzungen
    - Flächen
        - Spazier- und Wandergebiete
        - Skigebiete
        - Andere Gebiete
    - Linien
        - Skiwanderrouten
        - Langlaufloipen
        - Andere Linien

- Beeinträchtigte Gebiete durch Lärm, Luftverschmutzung usw.
    - Fläche
    - Linien

---

[1] So können zugleich Aktivitäten im Luftraum berücksichtigt werden.

Der **vorliegende Bericht** enthält die Ergebnisse der Untersuchungen über die Beanspruchung des Bodens für Sport, Erholung und Tourismus im Sinne der **Grundnutzung**. Vorgesehen ist ein zweiter Bericht über die Ergebnisse der Untersuchungen über Sport, Erholung und Tourismus als überlagernde Nutzungen. Ob die dritte Kategorie, d.h. die durch Lärm, Luftverschmutzung und andere Einwirkungen der Erholungsnutzung beeinträchtigen Flächen und Linien ebenfalls erfasst werden, ist zur Zeit noch ungewiss. In diese Richtung sind nämlich schon mehrere Untersuchungen durchgeführt worden oder stehen in Bearbeitung[1].

## 1.3 Vorgehen und Aufbau des Berichtes

Zu Beginn der Arbeiten wurden alle vorliegenden Informationen über die für Sport, Erholung und Tourismus gebauten Anlagen und Einrichtungen erfasst und untersucht. Anschliessend folgte die Erarbeitung eines methodischen Rahmens für die Schätzung der beanspruchten Flächen in fünf Teiluntersuchungen. Es handelt sich dabei um die Teiluntersuchungen über den Flächenverbrauch durch

a) Erholungs- und Grünanlagen,
b) Turn-, Spiel- und Sportanlagen,
c) Spazier- und Wanderwege,
d) Touristische Bergbahnen und
e) Bauten für Beherbergung und Verpflegung.

Die **Erholungs- und Grünanlagen** bilden eine Unterkategorie der Siedlungsflächen in der Arealstatistik der Schweiz 1979/85 und umfassen offene Sportanlagen, öffentliche Parkanlagen, Schrebergärten, Campingplätze, Golfplätze und Friedhöfe[2]. Die **Turn-, Spiel- und Sportanlagen** wurden in der Schweiz zweimal, aber nur mengenmässig erfasst[3]. Die Aufgabe bestand darin, die von diesen Anlagen belegten

---

[1] Siehe dazu z.B. den Grundlagenbericht zum Forschungsprojekt „Wald und Tourismus. Wechselwirkungen. Perspektiven. Strategien" von Mark Egger, Bern 1989 oder die Werke von J. Krippendorf.

[2] Bundesamt für Statistik,: Bodennutzung der Schweiz. 2 Raum, Landschaft und Umwelt. Arealstatistik der Schweiz 1979/85. Bern 1992

[3] Eidgenössische Turn- und Sportschule / Eidgenössisches Statistisches Amt: Turn- und Sportanlagen (Stand Oktober 1975). 10 Bände. Bern o. J.
Bundesamt für Statistik: Turn- und Sportanlagen in der Schweiz 1986. Statistische Resultate, 16 Kultur, Lebensbedingungen und Sport. Bern 1989

Flächen zu schätzen. Bei den **Spazier- und Wanderwegen** konnten wir auf eine Datenbank der Schweizerischen Arbeitsgemeinschaft für Wanderwege aus dem Jahre 1995 zurückgreifen[1]. Die **touristischen Bergbahnen** wurden einem Verzeichnis[2] der touristischen Transportanlagen der Schweiz entnommen. Bei den **Bauten für Beherbergung und Verpflegung** interessierten uns die Anzahl der Gaststätten und Sitzplätze, die wiederum in einzelnen Publikationen des Bundesamtes für Statistik enthalten sind[3].

Der methodische Rahmen hatte insbesondere den Gegenstand der Auswertungen und die Grundlagen für die Auswertungen zu bestimmen. Hierbei waren auch die Methoden für die Schätzung der beanspruchten Einheitsflächen zu erarbeiten. Konkret ging es darum, die zu untersuchenden Anlagen/Bauten/Aktivitäten auszuwählen und die von ihnen belegten Einheitsflächen zu bestimmen bzw. zu schätzen.

Nach dem Vorliegen des methodischen Rahmens wurden die Schätzungen über die für Sport, Erholung und Tourismus beanspruchten Flächen durchgeführt. Die Resultate wurden gesamtschweizerisch, nach Kantonen und zusätzlich nach ausgewählten Regionen und Gemeinden präsentiert.

Das folgende erste Hauptkapitel des Berichtes beschreibt den methodischen Rahmen der einzelnen Teiluntersuchungen. Darauf werden die Ergebnisse der Teiluntersuchungen vorgestellt und kommentiert. Das dritte Hauptkapitel bringt die Synthese: Zuerst wird wiederum das Vorgehen beschrieben, danach folgen die aufaggregierten Daten mit Kommentar, und zuletzt fasst ein abschliessendes Unterkapitel die wichtigsten Ergebnisse der Untersuchung zusammen, prüft die Genauigkeit der Aussagen und macht eine Prognose für die künftige Nutzung des Bodens für Sport, Erholung und Tourismus.

---

[1] Wofür wir uns bei der Geschäftsstelle der SAW in Riehen herzlich bedanken.
[2] Bundesamt für Raumplanung und Bundesamt für Verkehr: Touristische Transportanlagen der Schweiz. 5. Auflage. Bern 1991
[3] Insbesondere in: Bundesamt für Statistik: Touristische Beherbergungsmöglichkeiten in der Schweiz nach Touristenregionen, Kantonen, Bezirken und Gemeinden 1986. Statistische Resultate, 10 Tourismus. Bern 1987 bzw.
Eidgenössische Betriebszählung 1975, Band 5, Bern 1978.

## 2. TEILUNTERSUCHUNGEN

### 2.1 Erholungs- und Grünanlagen

#### 2.11 Ziel der Teiluntersuchung

Das Ziel dieser Teiluntersuchung bestand darin, die neueste Flächenstatistik der Schweiz, die Arealstatistik 1979/85, bezüglich Flächen für Sport, Erholung und Tourismus auszuwerten.

#### 2.12 Grundlagen

##### 2.121 Arealstatistik 1979/85

Die 1992 publizierte Arealstatistik 1979/85 der Schweiz[1] beruht auf einer Interpretation von Luftbildern, die aus den Jahren 1979 bis 1985 stammen. Diese Luftbilder wurden mit einem Stichprobennetz überlagert. Dieses Stichprobennetz besteht aus einem Quadratraster mit Seitenlängen von je 100 m. Für die Zuteilung der Bodennutzungscodes war die Nutzung am SW-Eckpunkt des Stichprobennetzes massgebend. Inventarisiert wurden insgesamt 69 verschiedene Nutzungsarten.

Die verwendete Methode lässt gemäss Kommentar zuverlässige Aussagen auf nationaler, kantonaler und regionaler Ebene zu. Auf der Stufe Gemeinde kann, insbesondere bei kleinflächigen Nutzungen, ein relativ grosser Stichprobenfehler auftreten.

Die unterschiedlichen Erhebungsmethoden führen ferner dazu, dass die Arealstatistik 1979/85 nicht direkt mit der Arealstatistik 1972 vergleichbar ist. Von Zeitreihen sowie von Aussagen über Nutzungsänderungen wird deshalb abgeraten. Aus diesem Grund haben wir die Arealstatistik 1972 nicht ausgewertet.

Die Arealstatistik 1979/85 unterscheidet die folgenden, für unsere Fragestellung mehr oder weniger relevanten Kategorien
- Offene Sportanlagen
- Familiengärten
- Camping, Caravaning
- Golfplätze
- Friedhöfe
- Öffentliche Parkanlagen

[1] Bundesamt für Statistik: Die Bodennutzung der Schweiz. 2 Raum, Landschaft und Umwelt. Arealstatistik 1979/85. Resultate nach Gemeinden. Bern 1992

Separat wurden auch die Gebäude innerhalb dieser Anlagen für die Statistik aufgenommen. Die sieben genannten Kategorien werden als Erholungs- und Grünanlagen zusammengefasst. Sie bilden in dieser Aggregationsform eine der 15 oder der 24 Hauptnutzungsklassen der Arealstatistik 1979/85.

Die gebildete Kategorie **"Erholung- und Grünanlagen"** ist inhomogen, sie fasst sehr unterschiedliche Nutzungen bzw. Einrichtungen zusammen. Die Summe der Flächen der einzelnen Kategorien ergibt deshalb keine sehr aussagekräftige Grösse.

Unter dem Begriff **"offene Sportanlagen"** fallen Einrichtungen wie Fussballplätze, Tennisanlagen, Freibäder und andere Anlagen. Die offenen Sportanlagen dienen zum Teil ausschliesslich sportlichen Zwecken (Fussballplatz), teils sind sie praktisch als reine Erholungsanlagen (Freibad) einzustufen, teils erfüllen sie sowohl sportliche als auch Erholungsfunktionen.

**"Familiengärten"** haben neben ihren sozialen Funktionen und ihrer Bedeutung für die Versorgung eines Teils der Bevölkerung mit Lebensmitteln sicher auch eine gewisse Erholungsfunktion.

**"Camping- und Caravaningplätze"** können als echte Erholungsanlagen bezeichnet werden. Sie werden vor allem für die Übernachtung und den Aufenthalt im Zusammenhang mit der Wochenend- und Ferienerholung benützt und entsprechen damit den Ferienhäusern oder Ferienwohnungen. Diese Kategorie von Erholungseinrichtungen wird auch in der Teiluntersuchung über den Flächenverbrauch für „Beherbergung und Verpflegung im Erholungstourismus" berücksichtigt. Dennoch wird sie im folgenden weiter mitaufgeführt.

**"Golfplätze"** sind in erster Linie Sportanlagen, mit einer wichtigen sozialen Komponente, wie auch beispielsweise Tennis. Aufgrund der Charakteristiken des Spiels dürfte jedoch die Erholungsfunktion des Golfspiels ebenfalls wichtig sein.

**"Friedhöfe"** dienen zur Bestattung und als Gedenkstätten. Grössere, parkartig gestaltete Friedhöfe werden jedoch oft (insbesondere von älteren Leuten) auch im Sinne von Parkanlagen genutzt und deshalb in der Regel zu den Grünflächen mit Erholungsfunktion gezählt. In der Studie "Nutzung des Bodens für Sport, Erholung und Tourismus in der Schweiz" werden die Friedhöfe nur als durch die Erholungsnutzung überlagerte Nutzungsflächen - und damit erst im Teil 2 - berücksichtigt.

**"Öffentliche Parkanlagen"** sind typische und im Siedlungsbereich wichtige Erholungsanlagen, die jedoch wie andere Grünflächen neben der Erholungs- auch andere Funktionen erfüllen können (soziale, hygienische, siedlungsgliedernde u.a).

Auf den Einbezug der in der Statistik ausgewiesenen Gebäudeflächen in diese Teilstudie wurde verzichtet. Die Gebäude innerhalb der Erholungs- und Grünanlagen sind im Vergleich zur freien Fläche in der Regel relativ klein. Beim Einsatz des doch recht groben Flächenrasters ist anzunehmen, dass viele dieser Gebäude durch die Maschen fielen und deshalb die in der Arealstatistik aufgeführten Werte wenig repräsentativ sind.

## 2.122 Weitere Grundlagen

Für die Flächenschätzung der Golfplätze konnten zwei weitere Unterlagen benutzt werden, die eine[1] aus dem Jahre 1988, die andere[2] von 1996. Damit war es möglich, nicht nur aktuelle Flächendaten zu gewinnen, sondern auch eine Zeitreihe für die Zunahme der Golfplätze zu erstellen.

---

[1] Harder, W.: Flächenverbrauch durch Golfplätzte. Geographisches Institut der Universität Zürich. Zürich 1988.
[2] Association suisse de Golf: Liste des Clubs et Tournois. Lausanne 1996

## 2.2 Turn-, Spiel- und Sportanlagen

### 2.21 Ausgangslage und Ziel der Teiluntersuchung

Gestützt auf das Bundesgesetz über die Förderung von Turnen und Sport vom 17. März 1972 hat die Eidgenössische Turn- und Sportschule in Magglingen in Zusammenarbeit mit dem Bundesamt für Statistik[1] am 15. Oktober 1975 eine gesamtschweizerische Erhebung über Turn- und Sportanlagen durchgeführt[2]. Erfasst wurde nach Gemeinden die Zahl der Spiel- und Sportanlagen im Freien, der Turn- und Sporthallen, der Freibadanlagen und Hallenbäder, der Eisbahnen, der Tennis- und anderer Sondersportanlagen. Geplant war, die Erhebung alle 5 Jahre durchzuführen. Dieses Vorhaben konnte leider nicht verwirklicht werden. Die nächste und bis heute letzte Erhebung datiert aus dem Jahre 1986. Sie wurde mit dem Stichtag 15. Oktober allein vom Bundesamt für Statistik durchgeführt.

Der Bericht[3] über die Erhebung aus dem Jahre 1975 ist in zwei Teile gegliedert. Der erste und Hauptteil enthält die Angaben nach Kantonen und Gemeinden in 9 Bänden. Der zweite Teil (Band 10) ist nach den Regionen des Leitbildes CK-73 aufgeteilt[4] und bringt zudem eine gesamtschweizerische Übersicht. Die Ergebnisse der Erhebung aus dem Jahre 1986 wurden nur zum Teil publiziert. Neben der gesamtschweizerischen und den kantonalen Übersichten präsentiert der Bericht 1986 Übersichten für ausgewählte Anlagen, gegliedert nach den Landesteilen, Grossregionen, Agglomerationen und ausgewählten Bezirken[5]. Hingegen fehlen die erhobenen Daten nach Gemeinden.

Das Ziel der Teiluntersuchung war die Schätzung des Flächenverbrauches durch die in den oben genannten zwei Berichten erfassten Turn-, Spiel- und Sportanlagen.

---

[1] Damals noch Eidgenössisches Statistisches Amt genannt.

[2] Die allererste Erhebung der Turn-, Spiel- und Turnanlagen in der Schweiz geht auf das Jahr 1941/42 zurück. Damals hat der Schweizerische Landesverband für Leibesübungen in Verbindung mit dem Statistischen Amt des Kantons Zürich die Aufnahmen durchgeführt, ausgewertet und deren Ergebnisse publiziert. Siehe Schweiz. Landesverband für Leibesübungen: Turn-, Spiel- und Sportanlagen der Schweiz, Zürich 1942

[3] Eidgenössische Turn- und Sportschule / Eidgenössisches Statistisches Amt: Turn- und Sportanlagen (Stand Oktober 1975). 10 Bände. Bern o. J.

[4] Delegierter für Raumplanung EJPD: Raumplanerisches Leitbild der Schweiz CK-73. Bern 1973

[5] Bundesamt für Statistik: Statistische Resultate, 16 Kultur, Lebensbedingungen und Sport. Turn- und Sportanlagen in der Schweiz 1986. Bern 1989

## 2.22 Vorgehen

Generell wurde die Menge der einzelnen Anlagen mit der geschätzten Mindestfläche des entsprechenden Anlagetyps multipliziert und die ermittelten Werte stufenweise zu einem Gesamtwert aufaddiert.

Zuerst wurde die gesamtschweizerische Situation, d.h. die Fläche der Turn-, Spiel- und Sportanlagen in der Schweiz und anschliessend der Bestand in den Kantonen in den Jahren 1975 und 1986 geschätzt. Darauf folgten regionale Schätzungen aus siedlungsstruktureller Sicht: a) auf der Grundlage der CK-73 - Regionen[1] für das Jahr 1975 und b) im begrenzten Rahmen - d.h. für ausgewählte Anlagen und Bezirke - für beide Erhebungsjahre. Eine vierte Gruppe von Schätzungen bezog sich auf einzelne Gemeinden, die ebenfalls nach siedlungsstrukturellen Gesichtspunkten ausgewählt und gruppiert wurden. Hierbei konnte leider nur die Erhebung 1975 berücksichtigt werden. Die siedlungsstrukturelle Sicht beruht auf der "Verdichtung" und "Zentralität" der Regionen beziehungsweise Gemeinden[2]. Mit Hilfe dieser beiden Kriterien wurden 5 Typen von Regionen bzw. Gemeinden unterschieden:

1. grossstädtische Regionen und Gemeinden
2. mittelstädtische Regionen und Gemeinden
3. polyzentrische, verstädterte Regionen und kleinstädtische Gemeinden in solchen Regionen,
4. kleinstädtische Regionen und isolierte Kleinstädte
5. Ländliche Regionen und ländliche Gemeinden.

Die Auswahl der Bezugseinheiten erfolgte in beiden Fällen willkürlich.

## 2.23 Gegenstand der Auswertung

Tabelle 2.2/1 zeigt die Gliederung der Turn-, Spiel- und Sportanlagen nach Art, Typ und Untertyp in der Erhebung 1986. Diese stützt sich auf die Gliederung der Erhebung im Jahre 1975, wobei jedoch einige Korrekturen und Ergänzungen gemacht wurden. Die Teiluntersuchung übernahm grundsätzlich die Gliederung nach Tabelle 2.2/1. In den aggregierten Übersichten wurden allerdings nur die Anlagearten berücksichtigt, wobei - wo immer nur möglich - die Bäder, die Eisbahnen in zwei und die Sonderanlagen in drei Unterarten unterteilt wurden. Es sind die Anlagearten:

---

[1] Das landesplanerische Leitbild der Schweiz gemäss Chefbeamtenkonferenz der Bundesämter arbeitete mit 100 Regionen. Siehe: Delegierter für Raumplanung EJPD: Raumplanerisches Leitbild der Schweiz CK-73. Bern 1975
[2] Die Typisierung der Regionen entstammt der Untersuchung: Jacsman, J.: Die mutmassliche Belastung der Wälder durch die Erholungsnutzung. ORL-Bericht 79/1990. Zürich 1990

a) Freianlagen

b) Turn- und Sporthallen

c) Freibäder

d) Hallenbäder

e) Eisfelder

f) Eishallen

g) Tennisfelder

h) Tennishallen und

g) weitere Spezialanlagen.

Die Freianlagen umfassen begrünte und/oder mit Hartbelag befestigte offene Flächen für Spiel, Turnen und Sport. Die Turn- und Sporthallen (inklusive Mehrzweckhallen bzw. Reithallen) sind Hochbauten und als solche verbrauchen sie Flächen. Die Freibäder teilen sich in Naturbäder an Fluss- und Seeufern und in gebaute/gestaltete Badeanlagen. Bei den letzteren handelt es sich um Grünflächen, von denen ein Bruchteil durch Bauten (Bassins, Ankleideräume usw.) beansprucht wird. Die Hallenbäder sind wiederum Hochbauten. Die Eisfelder sind vor allem Kunsteisbahnen im Freien, während die Natureisflächen weitgehend vernachlässigt werden können. Ein Teil der Kunsteisbahnen befindet sich in Hallen. Das gleiche trifft auch für die Curlinganlagen zu. Die Tennisanlagen umfassen grösstenteils Spielfelder im Freien, ihr Anteil in Hallen ist - auch zusammen mit den Squash-Courts - nicht so gross. Die übrigen Spezialanlagen setzen sich teils aus befestigten Bocciaanlagen, teils aus nicht befestigten, linearen Anlagen (Geländelaufbahnen, Finnenbahnen, Fitnessparcours) zusammen.

Auf die Unterscheidung zwischen dauerhaften und saisonalen Anlagen wurde verzichtet. Die von den dauerhaften Anlagen belegten Flächen entsprechen Grundnutzungen, da sie dauernd und ausschliesslich für Turnen, Spiel und Sport beansprucht werden. Die saisonalen Anlagen kennzeichnen überlagernde Nutzungen, da die von ihnen belegten Flächen in der übrigen Zeit für andere Zwecke genutzt werden können. Zu ihnen gehören einzig die Anlagetypen "unbeaufsichtigte Fluss- und Seebäder" und "Natureisbahnen", deren Flächengrösse gesamtschweizerisch ohne Bedeutung ist[1].

---

[1] Regional können sie durchaus wichtig sein (z.B. die zugefrorenen Seeflächen im Oberengadin).

| Anlageart | Anlagetyp | Untertyp | Fläche in m2 | Bemerkung |
|---|---|---|---|---|
| Frei-anlagen | Spielwiesen | <1500 m2 | 750 | |
| | | ≥1500 m2 | 1500 | |
| | Rasensport-felder | mind. 30m*60m | 1800 | |
| | | mind. 45m*90m | 4050 | |
| | Allwetter-plätze | <20m*40m | 400 | |
| | | mind. 20m*40m | 800 | |
| | | mind. 45m*90m | 4050 | |
| | Leichtathletik-anlagen | Rundbahnen | 3200 | 400m*8m |
| | | 110m*8m | 880 | |
| | | 15m*30m/2 | 225 | Wurfanlage |
| Turn- und Sport-anlagen | Kleinhallen | <12m*24m | 180 | |
| | Normalhallen | mind. 12m*24m | 288 | |
| | Spielhallen | mind. 22m*44m | 968 | |
| | | mind. 27m*45m | 1215 | |
| | Spezialräume | mind. 50m2 | 50 | |
| | Reithallen | 25m*50m | 1250 | |
| Bäder | Fluss- und Seebäder | unbeaufsichtigt | 1000 | 100m*10m |
| | | beaufsichtigt | 2000 | 100m*20m |
| | Freibäder | mind. 100m2 | 1000 | Nichtschwimmer |
| | | Länge 16.6m | 1300 | Breite 8m |
| | | Länge 25m | 3120 | Breite 12.5m |
| | | Länge 50 m | 10500 | Breite 21 m |
| | | Sprunganlagen | 25 | 5m*5m |
| | Hallenbäder | mind. 100m2 | 100 | Nichtschwimmer |
| | | Länge 16.6m | 130 | Breite 8m |
| | | Länge 25 m | 312 | Breite 12.5m |
| | | Länge 50m | 1050 | Breite 21 m |
| | | Lehrbuchten | 100 | 10m*10m |
| | | Lehrbecken | 200 | 10m*20m |
| | | Sprunganlagen | 25 | 5m*5m |
| Eislauf-anlagen | Naturbahnen | mind 30m*60m | 1800 | |
| | Kunstbahnen | F <30m*60m | 900 | |
| | | F ≥30m*60m | 1800 | |
| | | H <30m*60m | 900 | |
| | | H ≥30m*60m | 1800 | |
| Spezial-anlagen | Curling | F 4.75m*44.5m | 860 | 4 Felder |
| | | H 4.75m*44.5m | 860 | 4 Felder |
| | Squash | H 10.35m*6.40m | 70 | |
| | Tennis | F 18.27m*36.57m | 670 | |
| | | H 18.27m*36.57m | 670 | |
| | Feldlaufbahnen | Finnenbahn | 1400 | 2m*700m |
| | | Fitnessparcours | 5250 | 1.5m*350m |
| | Boccia | 27m*3m | 85 | |

F = Feld
H = Halle

Tabelle 2.2/1
Gliederung, Dimensionen und massgebende Flächengrösse der Anlagen

## 2.24 Grundlagen

### 2.241 Massgebende Anlagegrössen

Für die Erhebungen hat man die Anlagen aufgrund ihrer Dimensionen in Untertypen gegliedert. Das Bundesamt für Statistik spricht in diesem Zusammenhang von einer "Charakterisierung" der Anlagetypen. Mit Hilfe der Dimensionen der Untertypen konnten die Mindestflächen pro Anlage berechnet oder geschätzt werden. Wo das Bundesamt über die Dimensionen im Bericht keine Angaben gemacht hat, wie z.B. bei den Spezialanlagen, haben wir die international anerkannten Normen berücksichtigt. Die massgebenden Flächengrössen sind aus Tabelle 2.2/1 ersichtlich.

Generell ist zu beachten, dass in der Regel nur die Netto-Nutzfläche der Anlagen erfasst wurde. Das bedeutet, dass die tatsächliche Flächenbeanspruchung durch die Anlagen bis zu 100% grösser sein kann. Insbesondere gilt dies für alle Hochbauten, d.h. die Turn- und Sporthallen, Hallenbäder, Eissportanlagen sowie Tennisanlagen und Squash-Courts in Hallen[1]. Für die Freibadanlagen wurde angenommen, dass der Anteil der Bassinfläche 10% der Gesamtanlagefläche beträgt[2].

### 2.242 Planungswerte für den Bedarf

Der Flächenbedarf für Turn- und Sportanlagen ist relativ gut bekannt. Es fällt allerdings auf, dass diese Richt- und Planungswerte aus den 60er und 70er Jahren stammen und somit die jüngsten Entwicklungen bei einzelnen Sportaktivitäten (z.B. beim Tennis und Golf) nicht berücksichtigen. Ihre Gültigkeit darf daher mindestens teilweise in Frage gestellt werden.

Im folgenden stützen wir uns auf die Normen für öffentliche Bauten und Anlagen gemäss den Provisorischen Richtlinien zur Orts-, Regional- und Landesplanung[3] aus dem Jahre 1968 (ORL), der Sportstättenplanung des Kantons Bern[4] im Jahre 1976/77 (Bern) und dem Goldenen Plan der Deut-

---

[1] Abgesehen vom Umland und von der Mauerfläche gehören zu einer Hallenanlage in der Regel - zusätzlich zur eigentlichen Nutzfläche - der Eingangsraum, Schuh- und Saubergänge, Garderobenräume mit Toiletten und Duschen, ein Geräteraum, ein Putzraum und diverse Zimmer.

[2] Gemäss Richtlinien beträgt die Relation zwischen Wasserfläche und Gesamtfläche mindestens 1:10.

[3] Institut für Orts-, Regional- und Landesplanung (Hrsg.): Flächenbedarf und Standortbedingungen von öffentlichen Bauten und Anlagen. Erläuterungen zu "Öffentliche Bauten und Anlagen für flächenautarke Gebiete", Blatt 515501, Zürich 1968

[4] Kantonales Amt für Jugend und Sport / Kantonales Planungsamt (Auftraggeber): Sportstättenplanung für den Kanton Bern. Bern (1977)

schen Oympischen Gesellschaft in den Gemeinden[1] aus dem Jahre 1962 bzw. 1967 (Goldener Plan). Sie sind in Tabelle 2.2/2 dokumentiert.

| Anlagetyp | ORL | Bern | Goldener Plan |
|---|---|---|---|
| Spielwiese | 0.5-1.0 | 0.8 | 1.5-2.0 |
| Rasensport | 4.0-6.0 | 2.5 | 3.5-4.0 |
| Freibad | 1.0-2.0 | 2.0 | 1.0-1.25 |
| Hallenbad | 0.1-0.2 | 0.05 | |
| Spiel- und Sporthalle | 0.1-0.2 | 0.15 | 0.1-0.2 |
| Tennisplatz | 0.5-0.6 | 0.5*) | |
| Kunsteisbahn | 0.1-0.2 | | |

*) mit Kunsteisbahn zusammen

Tabelle 2.2/2
Richtwerte für Erholungs-, Spiel- und Sportanlagen
Flächen in m2 pro Einwohner

[1] Deutsche Olympische Gesellschaft: Der goldene Plan in den Gemeinden. Frankfurt a.M und Wien 1962 sowie
Bund Deutscher Landschaftsarchitekten BDLA: Sportstättenplanung. 16 Callwey, München 1974

## 2.3 Spazier- und Wanderwege

### 2.31 Generelles

Die vorliegende Teiluntersuchung befasst sich mit den Weganlagen für Wandern, Spazieren und Promenieren. Konkret sollen die markierten Wander- und Spazierwege untersucht werden. Die eigentlichen Fusswege befinden sich in den Siedlungsräumen, sie dienen meist mehreren Zwecken, wobei ihr Hauptweck die Erschliessung der Siedlung ist. Aus diesem Grunde werden sie hier nicht weiter berücksichtigt. Die Promenadenwege sind - soweit ihre Hauptfunktion Erholung ist - in und am Rande der Siedlungen zu finden. Da sie als solche nicht speziell gekennzeichnet sind, können sie separat auch nicht ausgewiesen werden. Sie werden im Rahmen der Spazierwege erfasst.

Spazieren und Wandern sind insofern zwei verschiedene Aktivitäten, als das Spazierengehen im Gegensatz zum Wandern weniger auf Naturerlebnis und körperliche Ertüchtigung ausgerichtet und weniger zielorientiert ist, dafür aber mehr Sozialkontakte ermöglicht. Spazieren kann man spontan, auch für kurze Zeit, ohne Spezialausrüstung. Spazieren ist ubiquitär, d.h. es kann überall, inner- und ausserhalb der Siedlung durchgeführt werden. Demgegenüber werden für das Wandern naturnahe, abwechslungsreiche Landschaften ausserhalb der Siedlungen bevorzugt. Zudem benötigt das Wandern meist einige Stunden und kann deshalb nur an Tagen mit längerer Freizeit durchgeführt werden. In der Regel benützt der Wanderer auch eine entsprechende Ausrüstung.

Für die Erholungsplanung ist entscheidend, dass die Spaziergänger eine massgeblich grösse Dichtetoleranz zeigen als die Wanderer[1]. Daraus folgt, dass die Kapazität der Wege, die von Spaziergängern genutzt werden, bedeutend grösser ist als jene der Wanderwege.

### 2.32 Aufgabestellung und Vorgehen

Ziel der Teiluntersuchung ist die Schätzung des Flächenverbrauches durch die „offiziellen" Wanderwege, die mehrheitlich von der Schweizerischen Arbeitsgemeinschaft für Wanderwege (SAW) markiert wurden[2]. Damit wird unterstellt, dass die markierten Wege hauptsächlich Erholungszwecken dienen, während die nicht markierten Wege in erster Linie Wirtschafs-

---

[1] Siehe dazu Jacsman, J. : Zur Planung von stadtnahen Erholungswäldern. Schriftenreihe zur Orts-, Regional- und Landesplanung. Zürich 1971. S. 181 ff.
[2] Verschönerungsvereine, Kur- und Verkehrsvereine können ebenfalls "offizielle" Wege bezeichnen.

wege sind. Als solche können sie aber auch von Erholungsuchenden benutzt werden, inbesondere dann, wenn das Angebot an markierten Wegen nicht ausreicht, um die Nachfrage zu befriedigen.

Grundsätzlich wird der Flächenverbrauch aus der Länge und der Breite der Wanderwege ermittelt. Um die Länge der Wege funktional zu überprüfen, wird die Kapazität der vorhandenen Wege der Belastung dieser Wege gegenübergestellt. Im Falle von Überlastungen wird die tatsächlich benötige Weglänge ermittelt und als neue Berechnungsgrundlage verwendet.

### 2.33 Grundlagen und Methoden der Studie

#### 2.331 Weglängen

Die wichtigste Grundlage für die Studie stellte die Datenbank der Schweizerischen Arbeitsgemeinschaft für Wanderwege (SAW) aus dem Jahre 1995 dar. Sie enthält den gesamtschweizerischen Bestand, die Wanderwege der Kantone und für einige Kantone eine Untergliederung des Wegnetzes nach Bezirken oder Gemeinden. Als weitere Informationsquellen dienten Wanderkarten und Prospekte von Kur- und Verkehrsvereinen.

Die Datenbank der SAW differenziert die Wanderwege in eigentliche Wanderwege und in Bergwege. Hingegen besteht keine Differenzierung in Wander- und Spazierwege. Diese wurden mit Hilfe des Anteiles der städtischen Gebiete[1] geschätzt. Die Überlegung dabei war, dass die Wanderwege in städtischen Gebieten vor allem von Spaziergängern genutzt werden und sie deshalb im Grunde genommen Spazierwege sind.

#### 2.332 Wegkapazitäten

Die Fussgängerkapazität (FK) der Wege wurde mit Hilfe folgender Formel berechnet[2]:

$$FK = \frac{2 * ZB}{v} * WL * GG * AG$$

---

[1] Als „städtisch" galten alle Gemeinden mit mehr als 10'000 Einwohnern. Bei den Berechnungen wurden die Gewässerflächen nicht berücksichtigt.
[2] Näheres für die Begründung der Formel siehe Jacsman, J.: Zur Planung von stadtnahen Erholungswäldern. Schriftenreihe zur Orts-, Regional-. und Landesplanung, Nr. 8. Zürich 1971. S. 187 ff.

ZB  = Zulässige Belastung der Wege in Gruppen pro Stunde und Geh-
        richtung
WL  = Weglänge in km
GG  = mittlere Grösse der Benützergruppen
AG  = Ausnutzungsgrad des Wegnetzes (100% = 1)
v    = mittlere Gehgeschwindigkeit der Benützer in km/h

Mit Ausnahme der Weglänge sind die Formelparameter Variablen, die
aufgrund von Beobachtungen bestimmt werden können. Tabelle 2.3/1
zeigt die von uns eingesetzten Werte nach Wegtypen.

| Parameter | Spazierweg | Wanderweg | Bergweg |
|---|---|---|---|
| ZB | 40.0 | 10.0 | 5.0 |
| GG | 2.2 | 2.7 | 3.0 |
| AG | 1.0 | 0.75 | 0.6 |
| v | 3.6 | 4.0 | 3.0 |

Abkürzungen siehe oben

Tabelle 2.3/1
Parameter der Kapazitätschätzung

Die Kapazität einer Wegstrecke von 1 km beträgt aufgrund der obigen Festlegungen rund
a) 50 Spaziergänger oder
b) 10 Wanderer oder
c) 5 Bergwanderer

Die obigen Werte bilden die Grundlage für die Schätzung der Gesamtkapazität der Wegnetze.

### 2.333 Wegbelastungen

Die Nachfrage nach Erholung in der freien Landschaft führt zur Nutzung
und damit zur Belastung der Wander- und Spazierwege. Über die Nachfrage nach landschaftsbezogenen Erholungsaktivitäten wurde in den
achtziger Jahren am Institut für Orts-, Regional und Landesplanung an der
ETH Zürich (ORL-Institut) eine gesamtschweizerische Untersuchung durchgeführt[1]. Zu diesem Zweck wurde die Landesfläche in 210 Regionen un-

---

[1] Jacsman, J.: Die mutmassliche Belastung der Wälder durch die Erholungsuchenden. Berichte zur Orts-, Regional- und Landesplanung, Nr. 79. Zürich 1990

terteilt. Die Nachfrage nach Erholung in einer Region setzte sich aus drei Komponenten zusammen :

a) aus der Nachfrage der einheimischen Bevölkerung,

b) aus der Nachfrage der in der Region anwesenden Wochenend- und Feriengäste und

c) aus der Nachfrage der Ausflügler aus Städten und Dörfern ausserhalb der fraglichen Region.

Die Ergebnisse der genannten ORL-Studie dienten als Grundlage für die Schätzung der Belastungen der Wander- und Spazierwege[1]. Dabei sind wir von der Annahme ausgegangen, dass der Anteil der gleichzeitigen Wanderer und Spaziergänger bis zu 75% der gleichzeitigen maximalen Besucherzahlen in einer Region erreichen kann[2]. (Zu bemerken ist noch, dass die gleichzeitige maximale Besucherzahl bei der landschaftsorientierten Erholung in der Regel kleiner ist als die Hälfte der Tagesfrequenz).

Die geschätzten maximalen gleichzeitigen Besucherzahlen (als Belastung) wurden mit den Fussgängerkapazitäten verglichen, die aus den tatsächlich vorhandenen markierten Weglängen errechnet wurden. Bei negativen Bilanzen wurden die noch fehlenden Weglängen ermittelt und zu den bestehenden geschlagen. Die auf diese Weise korrigierten Wegnetzlängen dienten als Grundlage für die Schätzung der von den Spazier- und Wanderwegen belegten Flächen.

### 2.334 Wegbreiten

Zu bestimmen war noch die Breite der massgebenden Wegekategorien. Generell wurde angenommen, dass die Breite der markierten Wanderwege mindestens 0.75 m (= 1 "Schulterbreite") betragen soll. Mögliche Randstreifen, die beiderseits der Wege bekanntlich oft als Ausweichstellen oder auch als „weiche" Parallelrouten benutzt werden, wurden nicht berück-

---

[1] Benutzt wurden die Schätzungen über "die maximale gleichzeitige Belastung des Freiraumes" im Anhang 9 der Studie.

[2] Es gibt wenig Informationen über den tatsächlichen Anteil der Wanderer und Spaziergänger im Moment der maximalen gleichzeitigen Belastung von Erholungsgebieten. Befragungen ergaben, dass bis zu 85% der Besucher diese Aktivitäten während ihres Tagesaufenthaltes ausgeführt haben. Aufgrund von Beobachtungen in Erholungsgebieten muss jedoch der gleichzeitige Anteil tiefer liegen. Siehe Jacsman, J., Schilter, R. Ch. und Schubert, B.: Erholung am Pfannenstiel. Ein Beitrag zur Erforschung der landschaftsorientierten Naherholung. Dokumente und Informationen zur Schweizerischen Orts-, Regional- und Landesplanung DISP, Nr. 55 (Oktober 1979). S. 27.

sichtigt. Für die Schätzungen gingen wir aufgrund von Literaturangaben[1]
von folgenden Festlegungen aus:

| | |
|---|---|
| Breite der Spazierwege: | 1.50 – 4.50 m |
| Breite der Wanderwege: | 0.75 – 3.00 m |
| Breite der Bergwege: | 0.75 – 2.25 m |

Mit der Annahme von minimalen und maximalen Breiten sollen die Unsicherheiten der Schätzung verdeutlicht werden.

---

[1] Vgl. Schubert, B.: Grundlagen zur Planung von Erholungseinrichtungen. Studienunterlagen zur Orts-, Regional- und Landesplanung, Nr. 43. Zürich 1979. S.11 und
Arbeitsgemeinschaft Rechtsgrundlagen für Fuss- und Wanderwege: Fuss- und Wanderwege bei der Planung von ländlichen Wegnetzen im Mittelland. Wegleitung. Zürich 1981

## 2.4 Touristische Transportanlagen

### 2.41 Generelles, Zielsetzung und Vorgehen

Zu den linearen, oder besser gesagt, bandförmigen Anlagen der Erholungs- und Sportinfrastruktur gehören neben Wegen auch Bahnen. Wie schon bei den Wegen werden aber auch im Rahmen dieser Studie nur die Bahnen für die innere Erschliessung der Erholungsräume berücksichtigt und von diesen touristischen Transportanlagen nur jene mit festem Bahnkörper im Boden. Dazu gehören namentlich

a) Schmalspurbahnen

b) Standseilbahnen und

c) Zahnradbahnen.

Die Luftseilbahnen mit Gondeln, Kabinen und Sesseln[1] benötigen neben den Stationen nur eine kleine Grundfläche für die Masten, was vernachlässigt werden darf. Die Skilifte werden nur zeitlich befristet genutzt, weshalb sie in der Kategorie der überlagernden Nutzungen erfasst werden.

Der Flächenverbrauch touristischer Transportanlagen mit festem Bahnkörper im Boden ist gegeben, unabhängig von der tatsächlichen betrieblichen Nutzung. Dabei ist diese Flächenbeanspruchung ausschliesslich: Die belegten Flächen gehören somit zur Grundnutzung der Erholungsvorsorge.

Ziel der Studie war die Schätzung des Flächenverbrauches durch die erfassten touristischen Transportanlagen. Grundsätzlich wurde dieser Flächenverbrauch aus der Länge und der Breite der Bahnkörper ermittelt. Die Angaben zur Berechnung der Bahnlängen entnahmen wir aus der Dokumentation[2] "Touristische Transportanlagen der Schweiz". Die Breite der beanspruchten Flächen wurde geschätzt.

### 2.42 Grundlagen der Studie

#### 2.421 Bahnlängen

Wie schon erwähnt, stützt sich die Längenberechnung auf eine Dokumentation über die touristischen Transportanlagen der Schweiz. Diese enthält unter anderem die schräge Länge und die Höhe ü.M. der Tal- und der Bergstation der Bahnanlagen, differenziert nach Bahnkategorien und

---

[1] Sesselbahnen, Gondelbahnen, Gruppen-Umlaufbahnen, Luftseilbahnen im Pendelbetrieb und Gruppen-Pendelbahnen.

[2] Bundesamt für Raumplanung und Bundesamt für Verkehr: Touristische Transportanlagen der Schweiz. 5. Auflage. Bern 1991

gegliedert nach Regionen und Kantonen. Die schrägen Längen und die Höhendifferenzen bestimmten die für den Flächenberechnung massgebende horizontale Länge der Anlagen.

### 2.422 Bahnbreiten

Zu schätzen war die Breite der massgebenden Bahnkategorien. Als Informationsquellen dienten technische Beschreibungen und Prospekte über Bergbahnen[1]. Ihnen konnte entnommen werden, dass die Bergbahnen in der Regel 800, 1000 oder 1200 mm Spurbreite aufweisen, wobei die Bahnkategorie nicht massgebend ist.

Die Mehrheit der Anlagen hat eine Spurbreite von 1000 mm. Aus diesem Grund wurde generell eine einheitliche Spurbreite von 1000 mm angenommen und dieser Spurbreite auf beiden Seiten ein Randstreifen von 1 bis 1.5 m zugeordnet. Die Randstreifen werden teils noch vom Bahnkörper beansprucht, teils aber für Einschnitte oder Dämme verwendet. Damit wurde die massgebende Gesamtbreite des Bahnkörpers einheitlich auf 3 bis 4 m festgelegt. Mit der Annahme einer minimalen und einer maximalen Breite sollen die Unsicherheiten der Schätzung verdeutlicht werden.

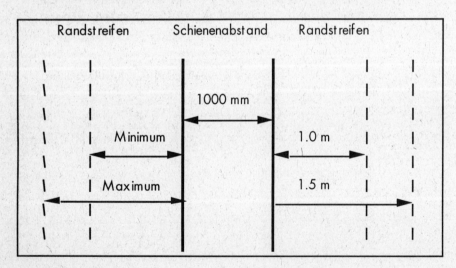

Abb. 2.4/1
Annahmen für die Schätzung des Flächenverbrauches

---

[1] Insbesondere das Werk: Röhr, G.: Schmalspurparadies Schweiz. Band 1. Berner Oberland, Jura. Westschweiz, Genfer See, Wallis. Aachen 1986 und Schweers, H.: Schmalspurparadies Schweiz. Band 2. Nordostschweiz, Mittelland, Zentralschweiz, Graubünden, Tessin. Aachen 1988

## 2.5 Bauten für Beherbergung und Verpflegung

### 2.51 Ausgangslage und Ziel der Teiluntersuchung

Wochenend- und Ferienerholung sind in der Regel mit einem mittel- bis längerfristigen Ortswechsel verbunden, so dass die Erholungsuchenden im Unterschied zur kurzfristigen Tageserholung im Zielraum übernachten: Eine bis drei Übernachtungen gelten noch als Wochenenderholung, vier und mehr Übernachtungen als Ferienerholung[1]. Die Voraussetzungen und Einrichtungen, die die Beherbergung und Verpflegung der Wochenend- und Ferienerholungsuchenden ermöglichen, gehören somit zur touristischen Ausstattung von Erholungsgebieten. Im Gegensatz zu den eigentlichen Erholungseinrichtungen und Erschliessungsanlagen haben jedoch diese Angebote mit dem Erholungsvorgang direkt nichts zu tun. Aus diesem Grunde zählt man sie zur touristischen Suprastruktur[2].

Die touristische Suprastruktur kann nach unterschiedlichen Gesichtspunkten gegliedert werden. Meistens wird zuerst zwischen Beherbergungs- und Verpflegungsbetrieben unterschieden. Die Beherbergung wird dann noch in Hotellerie und Parahotellerie unterteilt. Die Hotellerie umfasst die Hotels, Gasthöfe, Pensionen, Motels usw., die Parahotellerie die Ferienhäuser und -wohnungen, Privatzimmer, Gruppenunterkünfte, Jugendherbergen sowie Zelt- und Wohnwagenplätze. Die Verpflegungsbetriebe überlagern teils die Beherbergungsbetriebe, indem diese neben den Gastbetten auch Restaurants, Essäle, Kantinen usw. einschliessen. Zu einem grossen Teil sind jedoch diese Verpflegungsbetriebe eigenständige Restaurants, Gaststätten oder Wirtshäuser.

Auch die touristische Suprastruktur benötigt Flächen. Ziel der vorliegenden Untersuchung war die Schätzung der Flächen, die von den Beherbergungs- und Verpflegungsbetrieben des Erholungstourismus belegt werden. Direkte Bezugsobjekte der Untersuchung waren die Gastbetten und die Sitzplätze der Beherbergungs- und Verpflegungsbetriebe. Als weitere Grundlagen der Schätzung dienten die kategorienspezifischen Flächenansprüche der Beherbergung und Verpflegung.

Die Informationen über die Zahl der Gastbetten und der Sitzplätze entnahmen wir vor allem öffentlichen statistischen Werken, insbesondere

---

[1] Vgl. Kaspar, C.: Die Fremdenverkehrslehre im Grundriss. St. Galler Beiträge zum Fremdenverkehr und zur Verkehrswirtschaft. Reihe Fremdenverkehr, Band 1. Zweite Auflage, Bern und Stuttgart 1993. S. 14
[2] Siehe oben, S. 52.

Publikationen des Bundesamtes für Statistik[1] über die "Touristischen Beherbergungsmöglichkeiten in der Schweiz" und eidgenössischen Betriebszählungen aus den Jahren 1975 und 1985. Die Angaben über die kategorienspezifischen Flächenansprüche der Anlagen beruhen grösstenteils auf der Fachliteratur.

## 2.52 Gegenstand der Teiluntersuchung

### 2.521 Bezugsraum

Um den Erholungstourismus vom städtischen Tourismus mit seinen vorwiegend kulturellen und ökonomischen Aktivitäten zu trennen, wurden die Regionen, in denen der Gastbettenanteil weniger als 10% der Einwohnerzahl beträgt, generell als nicht relevant eingestuft und somit nicht berücksichtigt. Im konkreten umfasst der Bezugsraum der Teiluntersuchung daher:

a) alle Bezirke, deren Gastbettenzahl mindestens 1/10 der Bevölkerungszahl beträgt (Bettenzahl in der Hotellerie und Parahotellerie, inklusive Campingschlafplätze);

b) alle Fremdenverkehrsorte in den nicht erfassten Bezirken, die in der Reihe "Tourismus in der Schweiz" des Bundesamtes für Statistik[2] aufgeführt sind, und dem in a) genannten Kriterium entsprechen.

Karte 1 im Anhang 1 zeigt den effektiven Bezugsraum der Untersuchung. In folgenden Kantonen erfüllten alle Bezirke die genannte Bedingung: Uri, Obwalden, Nidwalden, Glarus, beide Appenzell, Graubünden, Tessin und Wallis. Flächenmässig nur teilweise erfasst wurden - da der Anforderung nicht alle Bezirke entsprachen - die Kantone Bern, Luzern, Schwyz, Freiburg, Basel Land, Schaffhausen, St. Gallen, Thurgau, Waadt, Neuenburg und Jura. Nur einzelne Orte berücksichtigt werden konnten in den Kantonen Zug, Solothurn, und Aargau. Überhaupt kein Bezirk und keine Gemeinde erfüllten die Bedingung in den Kantonen Zürich, Basel Stadt und Genf. Die Schlafplätze der Camping- und Wohn-

---

[1] Bundesamt für Statistik: Touristische Beherbergungsmöglichkeiten in der Schweiz nach Tourismusregionen, Kantonen, Bezirken und Gemeinden 1986. Statistische Resultate, 10 Tourismus. Bern 1987 bzw.
Eidgenössiche Betriebszählung 1975, Band 5, Bern 1978 und
Statistische Resultate, 6 Unternehmungen und Arbeitsstätten. Arbeitsstätte und Beschäftigte nach Wirtschaftsarten. Kantone. Band. 4. Bern 1986
[2] Bundesamt für Statistik: Tourismus in der Schweiz. Das Jahr 1993 im Rückblick. Bern 1984. S. 84 ff.

wagenanlagen wurden indessen - da sie weitgehend dem Erholungstourismus dienen - gesamtschweizerisch erfasst.

### 2.522 Kategorien der Berherbergung und Verpflegung

Folgende Zusammenstellung zeigt die Gliederung der Beherbergungsmöglichkeiten nach der Betriebsstatistik 1985 sowie die Gliederung der
Gaststättengewerbe nach Betriebszählung 1975:

1.      Beherbergungsbetriebe
1.1     Hotel-, Kurbetriebe
1.2     Parahotellerie
1.21    Ferienhäuser und -wohnungen, Privatzimmer
1.22    Gruppenunterkünfte
1.23    Jugendherbergen
1.24    SAC-Hütten
1.3     Zelt-, Wohnwagenplätze
2.      Gaststättenbetriebe
2.1     Gaststättenbetriebe in Beherbergungsbetrieben
2.2     Eigentliche Gaststättenbetriebe
2.21    Gaststätten, Restaurants
2.22    Kursäle, Bars
2.23    Alkoholfreie Cafés, Restaurants, Tea Rooms
2.3     Sonstige Gaststättenbetriebe

Für die Untersuchung haben wir die Gruppenunterkünfte, Jugendherbergen und SAC-Hütten in einer einzigen Kategorie der "Massenunterkünfte" zusammengefasst. Die Sitzplätze wurden nur in zwei Kategorien:
Beherbergungsbetriebe und Gaststättenbetriebe berücksichtigt. Die Kategorie der sonstigen Gaststätten (Privatpensionen, Betriebskantinen
usw.) wurde nicht in die Untersuchung einbezogen.

## 2.53 Berechnungsgrundlagen

### 2.531 Allgemeines

Der Flächenverbrauch für die Beherbergung und Verpflegung der Gäste
wurde mit Hilfe einer Formel bestimmt, die generell zur Berechnung der
Nettosiedlungsfläche[1] benutzt wird:

NSF = NBF+VF+FöBA

---

[1] Vgl. Maurer, J. und Eugster, W.: Flächenbedarf für Siedlungszwecke. Plan, 20
(1963), 6, S. 189-199

wenn $$NBF = BGF/AZ*AG$$

Dabei bedeuten:

NSF = Nettosiedlungsfläche

NBF = Nettobaufläche

BGF = Bruttogeschossfläche

AZ = Ausnützungsziffer

AG = Ausbaugrad

VF = Verkehrsfäche

FöBA = Flächen für öffentliche Bauten und Anlagen.

Grundlage für die Schätzungen bildete die Nettobaufläche, die hier die für Übernachtung oder Verpflegung notwendigen Flächen umfasst und die Verkehrsfläche. Die öffentlichen Bauten und Anlagen wurden nicht berücksichtigt, da deren Flächenansprüche in einer separaten Studie erfasst worden sind[1]. Hingegen musste die Verkehrsfläche ergänzt werden, da sie nur die Strassen, Plätze und Fusswege, nicht jedoch die privaten Parkplätze berücksichtigt[2].

Die Schätzung der Nettobauflächen erfolgte aufgrund der Bruttogeschossfläche pro Bett bzw. Sitzplatz. Die Bruttogeschossflächen entsprechen somit den eigentlichen spezifischen Bedarfsflächen nach funktionalen Kriterien.

### 2.532 Schätzungen für die Beherbergung

**A) Hotellerie**

Massgebende Parameter:

| |
|---|
| BGF pro Bett = 20 m2 |
| AZ = 0.6 |
| AG = 0.8 |
| NBF pro Bett = 20/(0.6*0.8) = 42 m2 |
| VF = 25 m2 |
| + Parkplatz pro Bett[3] = 5 m2 |
| Massgebende Nettosiedlungsfläche NSF(m) = 72 m2 |

---

[1] Siehe Kapitel 2.2

[2] Maurer, J.: Erläuterungen zur Zweckmässigkeitsprüfung von Ortsplanungen. Allgemeines. Blatt 511503. Zürich 1966

[3] Pro Parkplatz werden generell 25 m2 gerechnet. In diesem Fall ist die Reduktion auf eine 50%-ige Angebotsbegrenzung und eine Wagenbesetzung von 2.5 Personen zurückzuführen.

Untersuchungen des Schweizer Hotelier-Vereins ergaben, dass für ein Hotelzimmer im Durchschnitt 36.8 m2, für ein Hotelbett rund 21 m2 BGF zu rechnen sind[1]. Elsasser hat die BGF pro Hotelbett - gestützt auf die Betriebszählung 1975 - auf 30 m2 geschätzt[2]. (Es ist deshalb nicht verständlich, warum Krippendorf[3] die NSF mit 30 m2 angenommen hat). In Anbetracht der Tatsache, dass die für die Verpflegung der Hotelgäste verbrauchten Flächen separat erfasst werden, wurde hier eine tiefere BGF eingesetzt.

Die Ausnützungsziffer von 0.6 ist etwas zu hoch, aber die Hotels befinden sich in der Regel in Zonen mit städtischen Verhältnissen. Der Ausbaugrad übersteigt auch in solchen Gebieten selten den Wert von 0.8. Beide Angaben wie auch die Grösse der Verkehrsfläche entnahmen wir den entsprechenden ORL-Richtlinien[4].

## B) Parahotellerie

### a) Ferienhäuser und -wohnungen

Eine grosse Unsicherheit besteht bezüglich der Ausnützungsziffer in Ferienhaus- und Ferienwohnungszonen, da Ferienwohnungen und Privatzimmer sowohl in Einfamilienhäusern als auch in Mehrfamilienhäusern angeboten werden. Aus diesem Grunde wurden für die Untersuchung drei Annahmen getroffen. Für ländliche Touristenorte wurde eine AZ von 0.3, für touristische Siedlungen mit städtischem Charakter eine solche von 0.6 und für Orte mit gemischter Siedlungsstruktur eine AZ von 0.45 eingesetzt. Die Typisierung der Touristenorte erfolgte aufgrund des Gastbettenangebotes, wobei die Campingplätze nicht berücksichtigt wurden. Siedlungen mit Gastbetten bis 3500 gelten als ländliche Orte, solche mit 3500 bis 7000 Betten als Orte mit gemischer Siedlungsstruktur und solche über 7000 Betten als Touristenorte mit städtischem Charakter.

---

[1] Siehe Schweiz Hotelier-Verein: Leitfaden für Hotelplanung. Dritte Auflage. Bern 1975

[2] Elsasser, H.: Tourismus und Flächenverbrauch. Dokumente und Informationen zur Schweizerischen Orts-, Regional- und Landesplanung DISP Nr. 83. Januar 1986. S. 37

[3] Krippendorf, J.: Die Landschaftsfresser. Bern und Stuttgart. S. 44

[4] Maurer, J.: Berechnung der Siedlungsflächen. Einzelne Methoden der Raumplanung. Blatt 510941. Zürich 1968. Seite 4 und

Maurer. J.: Zonenplan. Erläuterungen zur Zweckmässigkeitsprüfung für Ortsplanung. Blatt 511507. Zürich 1967. Seite 4

## 1) Orte mit ländlichem Charakter

Massgebende Parameter:

```
BGF pro Bett = 25 m2
AZ = 0.3
AG = 0.7
NBF = 25/(0.3*0.7) = 119 m2
VF = 25 m2
+ Parkplatz pro Bett[1] = 10 m2
NSF(m) = 154 m2
```

## 2) Orte mit gemischter Siedlungsstruktur

Massgebende Parameter:

```
BGF pro Bett = 25 m2
AZ = 0.45
AG = 0.7
NBF = 25/(0.45*0.7) = 79 m2
VF = 25 m2
+ Parkplatz pro Bett[2] = 10 m2
NSF(m) = 114 m2
```

## 3) Orte mit städtischem Charakter

Massgebende Parameter:

```
BGF pro Bett = 25 m2
AZ = 0.6
AG = 0.8
NBF = 25/(0.6*0.8) = 52 m2
VF = 25 m2
+ Parkplatz pro Bett[3] = 10 m2
NSF(m) = 87 m2
```

Die mittlere BGF pro Bett in Ferienwohnungen wurde schon in den Landesplanerischen Leitbildern mit 25 m2 angenommen[4]. (Generell gilt dieser Wert sogar als BGF-Minimum pro Einwohner für das Wohnen).

---

[1] Aufgrund des Parameters: Wagenbesetzung = 2.5 Personen
[2] Siehe oben.
[3] Siehe oben.
[4] Brüesch, W. und Heinze, R.: Räumliche Konzepte der Zweitwohnungen. Teilleitbild Siedlung. Sekundärteil. Zürich 1971. S. 16

Elsasser[1] rechnete gestützt auf die Untersuchungen von Gabathuler und Wüest[2] mit einer BGF von 22 m2.

Den Wert für die Verkehrsfläche übernahmen wir wiederum aus den vorhin erwähnten ORL-Richtlinien. Krippendorf hat die Nettosiedlungsfläche pro Bett – inklusive Verkehrsfläche und Fläche für öffentlichen Bauten und Anlagen – einmal auf 160 m2 ein anderes Mal auf 200 m2 geschätzt[3]. (Für ein Bett in einem Feriendorf hat er jedoch nur 100 m2 angenommen.) Wir haben – im Gegensatz zu ihm – die *lokalen* Verkehrsflächen berücksichtigt[4] und die Flächen für öffentliche Bauten und Anlagen nicht einbezogen. Bei der massgebenden Parkplatzfläche ist zu beachten, dass pro Ferienwohnung im Durchschnitt 4 bis 5 Betten gerechnet werden[5]. Nach unserer Annahme besitzt somit jede Ferienwohnung im Mittel knapp zwei Parkplätze.

### b) Gruppenunterkünfte, Jugendherbergen, SAC-Hütten

Massgebende Parameter:

```
BGF pro Bett = 10 m2
AZ = 0.5
AG = 0.8
NBF = 10/(0.5*0.8) = 25 m2
VF = 20 m2
+ Parkplatz pro Bett⁶ = 5 m2
NSF(m) = 50 m2
```

[1] Elsasser, H.: Tourismus und Flächenverbrauch. Dokumente und Informationen zur Schweizerischen Orts-, Regional- und Landesplanung DISP Nr. 83. Zürich, Januar 1986. S. 37

[2] Gabathuler, Ch. und Wüest, H.: Bauliche Ressourcen und ihre Benützung - Lagebeurteilung und mögliche Veränderungspotentiale. Manto-Spezialstudie 2.23 ETH Zürich 1984. S. 43

[3] Siehe Krippendorf, J.: Die Landschaftsfresser. Bern und Stuttgart 1975. S. 39 und 44 bzw. Alpsegen Alptraum. Bern 1986. S. 41

[4] Die regionalen Verkehrflächen sind grösser. Vgl. Maurer, J.: Erläuterungen zur Zweckmässigkeitsprüfung von Ortsplanungen. Allgemeines. Blatt 511503. Zürich 1966 auf Seite 4

[5] Weiss, H.(: Die friedliche Zerstörung der Landschaft. Zürich 1981, S. 181) rechnet mit 4.5 Betten, Elsasser, H.(: Tourismus und Flächenverbrauch. Dokumente und Informationen zur Schweizerischen Orts-, Regional- und Landesplanung DISP Nr. 83. Zürich, Januar 1986) mit 4.3 Betten pro Ferienwohnung.

[6] In der Annahme, dass der Anteil des motorisierten Gäste 50 % und die Wagenbesetzung 2.5 Personen beträgt.

Anteilmässig überwiegen die Gruppenunterkünfte (CH 93%). Aus diesem Grund wird für die BGF ein tiefer Wert angenommen[1]. Für die Ausnützungsziffer wird ein Wert eingesetzt, der zwischen den AZ der Hotels und Zweitwohnungen liegt. Die Verkehrsfläche entspricht einem Minimalwert. Krippendorf hat für die NSF pro Bett in ländlichen Herbergen ebenfalls 50 m2 angenommen[2].

### c)    Zelt- und Wohnwagenplätze

In den statistischen Werken sind sowohl die Flächen wie auch die Anzahl der Schlafplätze aufgeführt. Daraus lässt sich die mittlere Schlafplatzfläche errechnen, welche für den Kanton Tessin 25 m2, für die übrige Schweiz generell 33 m2 beträgt. Aus der Statistik ist leider nicht ersichtlich, welche Angabe direkt erhoben wurde. Krippendorf[3] rechnete pro Schlafstelle auf Campingplätzen mit 50 m2.

### 2.533 Schätzungen für die Verpflegung

### a)     Die massgebende Zahl der Sitzplätze

Die Betriebstatistik 1985 gibt nur über die Zahl der Gaststättenbetriebe Auskunft. In der Annahme, dass die Relation Sitzplatz pro Betrieb im Jahre 1985 jener im Jahre 1975 glich, wurde die Zahl der Sitzplätze mit Hilfe der Relationen aus der Betriebsstatistik 1975 geschätzt. Tabelle 2.5/1 zeigt das Ergebnis.

Wie daraus zu entnehmen ist, befindet sich ein bedeutender Teil des Sitzplatzangebotes in Betrieben des Beherbergungsgewerbes, insbesondere in Hotels. Im folgenden behandeln wir daher die Sitzplätze der Berherbungsbetriebe als jene der Hotellerie.

---

[1] Für Jugendherbergen beträgt die Brutto-Geschossfläche pro Bett zwischen 15 und 25 m2. Errechnet aus der Beispielen der Studie: Maraini, L. und Alig, A.: Planungsstudie Schweizerische Jugendherbergen. Schlussbericht. Zürich 1972. S. 71 ff.
[2] Krippendorf, J.: Die Landschaftsfresser. Bern und Stuttgart 1975. S. 44
[3] Siehe oben, S. 44

| Gewerbe | Betriebe | Sitzplätze SP | SP/Betrieb |
|---|---|---|---|
| *Betriebsstatistik 1975* | | | |
| In der Beherbergung Total | 8706 | 1108699 | 127.3 |
| Nur in Hotels | 7505 | 1059694 | 141.2 |
| In Gaststätten Total | 16548 | 1442834 | 87.2 |
| Nur in Restaurants | 14416 | 1271048 | 88.2 |
| *Betriebsstatistik und Schätzungen für 1985* | | | |
| In der Beherbergung Total | 6345 | 808028 | 127.3 |
| Nur in Hotels | 5620 | 793535 | 141.2 |
| In Gaststätten Total | 19593 | 1708330 | 87.2 |
| Nur in Restaurants | 19217 | 1694349 | 88.2 |
| Total 1985 | 25938 | 2516358 | 97.0 |

Tabelle 2.5/1
Zahl der Sitzplätze im Gaststättengewerbe 1975 und 1985

### b)  Sitzplätze für die Gäste der Hotellerie

Massgebende Parameter:

> BGF pro Sitz = 3.5 m2
> AZ = 0.5
> AG = 0.8
> NBF = 3.5/(0.5*0.8) = 9 m2
> NSF(m) = 9 m2

Wir gehen vor der Annahme aus, dass sich die Gäste der Hotellerie mehrheitlich in den betriebseigenen Gaststätten verpflegen. Damit ist der Parkplatzbedarf für diese Sitztplätze nicht relevant.

Der BGF-Wert von 3.5 m2 pro Sitzplatz haben wir aus der Betriebsstatstik 1975 errechnet, indem die mittlere Bedarfsfläche gemäss den Empfehlungen von Gabathuler und Wüst[1] in die eigentliche Bruttogeschossfläche umgerechnet wurde, wobei der Korrekturfaktor 1.3 betrug. Sie umfasst zugleich Nebenräume, Wirtschaftsräume und Lagerflächen. Die übrigen Parameter richten sich nach der Hotellerie und der Parahotellerie (Massenunterkünfte).

---

[1] Gabathuler, Ch. und Wüest, H.: Bauliche Ressourcen und ihre Benützung, Lagebeurteilung und mögliche Veränderungsprobleme. ETH Forschungsbericht MANTO, Zwischenbericht 2, Spezialstudie 2.23. Zürich 1984. S. 33

### c) Sitzplätze in Hotels für übrige Gäste

Die Grösserordnung der BGF pro Sitzplatz ist unverändert übernommen worden. Auch die Werte für AZ und AG sind die gleichen geblieben. Für die auswärtigen Gäste sind jedoch – im Unterschied zu den Gästen, die in den Hotels wohnen – zusätzliche Parkplätze notwendig.

Massgebende Parameter:

```
BGF pro Sitz = 3.5 m2
AZ = 0.5
AG = 0.8
NBF = 3.5/(0.5*0.8) = 9 m2
+ Parkplatz pro Sitzplatz[1] = 10 m2
NSF(m) = 19 m2
```

### d) Sitzplätze in eigenständigen Restaurants, Gaststätten

Massgebende Parameter:

```
BGF pro Sitz = 3.5 m2
AZ = 0.3
AG = 0.7
NBF = 3.5/(0.3*0.7) = 17 m2
+ Parkplatz pro Sitzplatz[2] = 10 m2
NSF(m) = 27 m2
```

Die tieferen Werte für AZ und AG sind durch die Lage der eigenständigen Restaurants und Gaststätten innerhalb den Siedlungen begründet. Der Parkplatzbedarf ist gleich geblieben. Hingegen wurde die Verkehrsfläche auch hier nicht berücksichtigt, da sie schon bei den Bettenzahlen einbezogen wurde.

---

[1] Bei einer Wagenbesetzung von 2.5 Personen
[2] Siehe oben.

# 3. Ergebnisse der Teiluntersuchungen

## 3.1 Erholungs- und Grünanlagen

### 3.11 Gesamtschweizerische Übersicht

#### 3.111 Beanspruchte Flächen

Die Auswertung der Arealstatistik 1979/85 zeigt für die berücksichtigten Kategorien der Erholungs- und Grünanlagen folgendes Ergebnis:

| | | |
|---|---:|---|
| Offene Sportanlagen | 5184 | ha |
| Familiengärten | 1563 | ha |
| Camping, Caravaning | 908 | ha |
| Golfplätze | 757 | ha |
| Öffentliche Parkanlagen | 2661 | ha |

Daraus ergibt sich ein Total von 11073 ha (ohne die Seeanteile von 58 ha, die sich fast ausschliesslich auf die Parkanlagen verteilen).

Bezogen auf die Gesamtfläche der Schweiz von 4'128'453 ha waren dies rund 0.3% der Landesfläche. Das entsprach etwa der halben Fläche der Kantone Zug oder Appenzell Ausserrhoden und lag in der Grössenordnung der Industrieareale (nach Flächenstatistik 1979/85). Bezogen auf die gesamte Siedlungsfläche waren es rund 5%. Alle offenen Sportanlagen zusammen bedeckten eine Fläche, die rund 2.4 Mal derjenigen des Kantons Basel Stadt entsprach, die öffentlichen Parkanlagen beanspruchten etwa 70% dieser Kantonsfläche.

Wenn wir die gesamtschweizerische Bevölkerung am 1.1.1985 mit 6'455'896 Einwohnern als Bezugsgrösse nehmen[1], so lassen sich für den von der Flächenstatistik erfassten Zeitraum im Landesdurchschnitt die folgenden Pro-Kopf-Werte errechnen:

| | |
|---|---|
| Offene Sportanlagen | 8.03m2 |
| Familiengärten | 2.42m2 |
| Camping, Caravaning | 1.41 m2 |
| Golfplätze | 1.17 m2 |
| Öffentliche Parkanlagen | 4.12 m2 |

[1] Bundesamt für Statistik: Bilanz der Wohnbevölkerung in den Gemeinden der Schweiz. Bern 1986

Die Angaben der Arealstatistik über die Golfplätze müssen aber aufgrund genauerer Quellen[1] korrigiert werden. 1987 hatten 33 Golfplätze eine Gesamtfläche von 1424.5 ha belegt. 1995 wurden 52 Golfplätze ausgewiesen mit einer Gesamtfläche von 1867.4 ha. Das ergibt ein neues Total von 12183.4 ha für die Erholungs- und Grünanlagen und einen neuen Pro-Kopf-Wert von 2.6 m2 für die Golfplätze.

### 3.112 Kommentar

Als Massstab für die Beurteilung der Versorgung der Bevölkerung durch Anlagen der einzelnen Kategorien dienten die ORL-Richtwerte über den Flächenbedarf[2]. Auf die Problematik dieser Richtwerte wurde schon im Kapitel 2.242 hingewiesen.

Für offene Sportanlagen wird ein Minimalbedarf von rund 5.5 m2 pro Einwohner gefordert (Rasenspiele 4 m2, Freibad 1 m2, Tennisplätze 0.5 m2, Kunsteisbahn 0.1 m2). Für Familiengärten sollten mindestens 3 m2 pro Einwohner vorhanden sein. Bezüglich Camping- und Caravaningplätzen und Golfanlagen können keine Richtwerte angegeben werden. Diese Anlagen zählen nicht zur Grundausstattung einer Gemeinde an Erholungseinrichtungen. An öffentlichen Parkanlagen und Allmenden sollten insgesamt etwa 3 m2 pro Kopf zur Verfügung stehen.

Mit rund 8 m2 pro Einwohner an **offenen Sportanlagen** im Landesdurchschnitt waren die unteren Richtwerte für den Flächenbedarf erfüllt, dies gilt auch für die **öffentlichen Parkanlagen** mit 4 m2 pro Einwohner. Bezüglich der **Familiengärten** lag der errechnete Durchschnittswert tiefer als der geforderte Mindestwert von 3 m2 pro Einwohner.

[1] Harder, W.: Flächenverbrauch durch Golfplätze. Geographisches Institut der Universität Zürich. Zürich 1988
Association suisse de Golf: Liste des Clubs et Tournois. Lausanne 1996
[2] ORL-Institut ETH Zürich: Provisorische Richtlinien zur Orts-, Regional- und Landesplanung. Zürich 1966

## 3.12 Kantonale Übersichten

### 3.121 Beanspruchte Flächen

Die Flächen der einzelnen Kategorien der Erholungs- und Grünanlagen pro Kanton gemäss Arealstatistik 1979/85 sind in Tabelle 3.1/1 zusammengestellt. Tabelle 3.1/3 zeigt die daraus abgeleiteten Pro-Kopf-Werte.

### 3.122 Kommentar

Tabelle 3.1/1 mit den **Gesamtflächen** pro Kanton zeigt, wie zu erwarten war, einen engen Zusammenhang mit der Bevölkerungszahl.

|    | Sportanlage | Familien-garten | Camping | Golfplatz | Park-anlage | Summe |
|----|-------------|-----------------|---------|-----------|-------------|-------|
| ZH | 898  | 482 | 27  | 159 | 385 | 2201 |
| BE | 652  | 150 | 141 | 61  | 390 | 1586 |
| LU | 256  | 53  | 20  | 18  | 82  | 476  |
| UR | 20   | 7   | 4   | 0   | 3   | 42   |
| SZ | 65   | 2   | 25  | 0   | 25  | 134  |
| OW | 14   | 0   | 14  | 0   | 12  | 43   |
| NW | 18   | 1   | 2   | 0   | 16  | 42   |
| GL | 21   | 8   | 6   | 0   | 4   | 43   |
| ZG | 60   | 19  | 5   | 0   | 24  | 119  |
| FR | 201  | 14  | 69  | 39  | 121 | 479  |
| SO | 235  | 28  | 6   | 0   | 72  | 395  |
| BS | 51   | 87  | 0   | 0   | 132 | 319  |
| BL | 185  | 119 | 5   | 0   | 91  | 428  |
| SH | 83   | 32  | 0   | 0   | 31  | 165  |
| AI | 25   | 3   | 0   | 0   | 6   | 45   |
| AR | 5    | 0   | 4   | 0   | 0   | 11   |
| SG | 332  | 98  | 35  | 56  | 96  | 682  |
| GR | 183  | 21  | 81  | 123 | 58  | 502  |
| AG | 437  | 104 | 15  | 10  | 109 | 766  |
| TG | 187  | 57  | 56  | 0   | 62  | 394  |
| TI | 232  | 7   | 93  | 68  | 88  | 545  |
| VD | 444  | 91  | 125 | 94  | 455 | 1323 |
| VS | 202  | 85  | 128 | 56  | 79  | 577  |
| NE | 127  | 28  | 30  | 32  | 103 | 353  |
| GE | 184  | 62  | 11  | 41  | 209 | 564  |
| JU | 67   | 5   | 6   | 0   | 8   | 100  |

Tabelle 3.1/1:
Erholungs- und Grünanlagen in den Kantonen (Flächen in ha)

Die bevölkerungsmässig dominierenden Kantone besassen auch die grössten Flächen an Erholungs- und Grünanlagen. An der Spitze lagen Zürich, Bern und Waadt mit relativ grossem Abstand vor dem Aargau, St. Gallen und weiteren Kantonen mit mittleren Einwohnerzahlen, wie dem Thurgau und Neuenburg. Den Schluss der Rangliste nach Flächen für Erholungs- und Grünanlagen bildeten der Kanton Jura und einige kleinere Bergkantone der Inner- und Ostschweiz. Dieselbe Reihenfolge wie bei den Gesamtflächen finden wir mit einigen kleineren Abweichungen auch bei den **offenen Sportanlagen**. Hinsichtlich **Familiengärten** fällt im Vergleich zu den Sportanlagen auf, dass die Differenzen zwischen den Flächen der bevölkerungsreichsten Kantone sich vergrössert haben und einige Kantone ihre Plätze getauscht haben. Basel Landschaft weist in der Tabelle die drittgrösste Fläche an Schrebergärten aus. Obwalden und Appenzell Ausserrhoden besassen gemäss Arealstatistik 1979/85 keine Familiengärten.

Die **Camping- und Caravaningplätze** konzentrierten sich in den Kantonen Bern, Wallis und Waadt. Auch der Tessin, Graubünden, Freiburg und der Thurgau besassen im Vergleich zu anderen Kantonen ein grösseres Angebot an derartigen Einrichtungen. Basel Stadt, Schaffhausen und Appenzell Innerrhoden verfügten über keine Flächen, die für Camping und Caravaning genutzt werden konnten.

Grössere, zum **Golfspielen** reservierte Flächen fanden sich in den Kantonen Zürich, Graubünden, Waadt, Tessin, Bern, St. Gallen und Wallis. In einigen weiteren Kantonen wurden in der Arealstatistik 1979/85 kleinere, zum Golfspielen benutzte Flächen inventarisiert. Golfspielen ist in der Schweiz immer noch eine eher exklusive Sportart, dies beweist u.a. die Tatsache, dass rund die Hälfte aller Kantone im Zeitpunkt der Datenaufnahme keinen einzigen Golfplatz besass.

Die aktuellere kantonale Flächenstatistik für das Jahr 1995 aufgrund der schon genannten direkten Quellen zeigt Tabelle 3.1/2.

Die grösste Fläche an **öffentlichen Parkanlagen** besass mit 455 ha erstaunlicherweise die Waadt, und nicht einer der beiden bevölkerungsreichsten Kantone Zürich und Bern. Eine relativ grosse Fläche an öffentlichen Parkanlagen hatte auch der Kanton Genf. Sehr begrenzte oder praktisch keine Parkanlagen gab es gemäss Arealstatistik 1979/85 in den kleinen Bergkantonen und im Jura.

Eine bessere Grundlage für die Beurteilung der Versorgung der Bevölkerung mit Erholungs- und Grünanlagen bilden die Pro-Kopf-Werte. Für **offene Sportanlagen** liegt das Minimum bei rund 5.5 m2 pro Kopf. Bis auf Basel Stadt, Obwalden, die beiden Appenzell und Genf übertrafen alle

Kantone diesen Wert, wobei es allerdings relativ grosse Unterschiede gab. Die meisten genügten den Mindestanforderungen aber deutlich. Spitzenreiter waren erstaunlicherweise einige eher ländlich geprägte Kantone wie Graubünden, Solothurn, Freiburg und Jura mit Pro-Kopf-Werten von über 10 m2.

| Kanton | Anzahl der Golfplätze*) | Gesamtfläche in ha | Fläche pro Einwohner m2 |
|---|---|---|---|
| ZH | 4+1 | 217.8 | 1.86 |
| BE | 2+2 | 146.4 | 1.55 |
| LU | 3+0 | 144.6 | 4.28 |
| UR | 0+0 | 0 | 0.00 |
| SZ | 0+0 | 0 | 0.00 |
| OW | 0+0 | 0 | 0.00 |
| NW | 0+1 | 25 | 6.95 |
| GL | 0+0 | 0 | 0.00 |
| ZG | 1+0 | 48.2 | 5.33 |
| FR | 3+0 | 144.6 | 6.51 |
| SO | 1+0 | 48.2 | 2.03 |
| BS | 0+0 | 0 | 0.00 |
| BL | 0+0 | 0 | 0.00 |
| SH | 0+0 | 0 | 0.00 |
| AR | 0+0 | 0 | 0.00 |
| AI | 0+0 | 0 | 0.00 |
| SG | 2+0 | 96.4 | 2.19 |
| GR | 3+3 | 219.6 | 11.92 |
| AG | 0+2 | 50 | 0.96 |
| TG | 1+0 | 48.2 | 2.19 |
| TI | 2+0 | 96.4 | 3.19 |
| VD | 5+1 | 266 | 4.42 |
| VS | 3+3 | 219.6 | 8.15 |
| NE | 1+0 | 48.2 | 2.94 |
| GE | 1+0 | 48.2 | 1.23 |
| JU | 0+0 | 0 | 0.00 |
| CH | 32+13 | 1867.4 | 2.66 |

```
*) erste Zahl   = 18 holes
   zweite Zahl  = 9 holes
```

Tabelle 3.1/2
Bestand der Golfplätze in den Kantonen 1995

Bei den **Familiengärten** erfüllten nur wenige Kantone das Minimum von 3 m2 pro Einwohner. Es waren dies die beiden Basel, Schaffhausen,

Zürich, Wallis und der Thurgau. Die übrigen Kantone blieben – teils deutlich – unter diesem Wert. Am untersten Ende der Rangliste waren einige der Urkantone, die beiden Appenzell, Freiburg, der Jura und der Tessin. Gründe für die festgestellten Unterschiede könnten einerseits in gewissen Mentalitätsunterschieden zwischen den Bewohnern der verschiedenen Regionen und andererseits in der Siedlungs- und Beschäftigungsstruktur liegen.

| | Sport-<br>anlage | Familien-<br>garten | Camping | Golfplatz | Park-<br>anlage |
|------|------|------|------|------|------|
| ZH | 7.97 | 4.28 | 0.24 | 1.41 | 3.42 |
| BE | 7.08 | 1.63 | 1.53 | 0.66 | 4.23 |
| LU | 8.47 | 1.76 | 0.66 | 0.60 | 2.71 |
| UR | 5.95 | 2.08 | 1.19 | 0 | 0.89 |
| SZ | 6.44 | 0.20 | 2.48 | 0 | 2.48 |
| OW | 5.18 | 0 | 5.18 | 0 | 4.44 |
| NW | 5.97 | 0.33 | 0.66 | 0 | 5.31 |
| GL | 5.77 | 2.20 | 1.65 | 0 | 1.10 |
| ZG | 7.60 | 2.41 | 0.63 | 0 | 3.04 |
| FR | 10.56 | 0.74 | 3.62 | 2.05 | 6.36 |
| SO | 10.77 | 1.28 | 0.28 | 0 | 3.30 |
| BS | 2.58 | 4.41 | 0 | 0 | 6.69 |
| BL | 8.28 | 5.33 | 0.22 | 0 | 4.07 |
| SH | 11.92 | 4.60 | 0 | 0 | 4.45 |
| AR | 5.12 | 0.62 | 0 | 0 | 1.23 |
| AI | 3.83 | 0 | 3.07 | 0 | 0 |
| SG | 8.33 | 2.46 | 0.88 | 1.41 | 2.41 |
| GR | 11.10 | 1.27 | 4.91 | 7.46 | 3.52 |
| AG | 9.41 | 2.24 | 0.32 | 0.22 | 2.35 |
| TG | 9.89 | 3.01 | 2.96 | 0 | 3.28 |
| TI | 8.48 | 0.26 | 3.40 | 2.49 | 3.22 |
| VD | 8.23 | 1.69 | 2.32 | 1.74 | 8.43 |
| VS | 8.89 | 3.74 | 5.63 | 2.46 | 3.48 |
| NE | 8.21 | 1.81 | 1.94 | 2.07 | 6.66 |
| GE | 5.11 | 1.72 | 0.31 | 1.14 | 5.80 |
| JU | 10.40 | 0.78 | 0.93 | 0 | 1.24 |

Tabelle 3.1/3:
Erholungs- und Grünanlagenflächen in m2 pro Einwohner in den Kantonen

Die Idee, Gartenarbeit im Sinne einer Freizeitbeschäftigung auszuüben, stammt ursprünglich aus dem deutschsprachigen Raum. Der Familien- bzw. Schrebergarten könnte sich aus soziopsychologischen Gründen in der welschen und italienischen Schweiz weniger verbreitet haben als in der deutschen Schweiz. In vorwiegend ländlichen Kantonen mit eher locker überbauten Flächen bzw. mit vielen Einfamilienhäusern könnten trotz zu tiefen Werten in der Arealstatistik 1979/85 pro Kopf durchaus genügend Familiengartenflächen vorhanden gewesen sein. Familiengärten sind in derart überbauten Gebieten oft den einzelnen Häusern zugeordnet, sie treten aufgrund ihrer begrenzten Grösse im Luftbild flächenmässig kaum in Erscheinung und gehen deshalb bei einer Inventarisierung möglicherweise unter.

Für **Camping und Golfplätze** können wie erwähnt keine Pro-Kopf-Richtwerte angegeben werden, das Vorhandensein solcher Anlagen richtet sich vor allem nach landschaftlichen Charakteristiken und eventueller Nachfrage. Im kantonalen Vergleich viel Fläche zum Golfspielen gab es in Graubünden. Die zur Verfügung stehende Fläche pro Einwohner war rund dreimal grösser als in den Kantonen Tessin und Wallis, die in der "Rangliste" auf den Plätzen zwei und drei folgen. Die direkten Berechnungen zeigen - wie aus Tabelle 3.1/2 zu ersehen ist - für das Jahr 1995 massgeblich grössere Flächenwerte. Die Spitzenstellung des Kantons Graubünden ist bei den Pro-Kopf-Werten geblieben, nahe zu ihm aufgeschlossen sind die Kantone Wallis, Nidwalden und Freiburg.

Bezüglich der Versorgung mit **öffentlichen Parkanlagen** ist ein ähnliches Bild festzustellen wie hinsichtlich Sportanlagen. An der Spitze standen die Westschweizer Kantone Waadt, Neuenburg, Freiburg, Genf mit etwa doppelt so grossen Pro-Kopf-Flächen wie gefordert. Zu dieser Spitzengruppe gehörte aber auch Basel Stadt; Nidwalden erreichte ebenfalls einen hohen Wert. Am Ende der Rangliste waren wiederum mehrere Urschweizer und einige kleinere ostschweizerische Kantone. Das Vorhandensein von Parkanlagen erwarten wir am ehesten in städtischen, dicht besiedelten Regionen, in ländlich geprägten Regionen fehlen in der Regel grössere Parkanlagen. Die ermittelte Versorgungslage pro Einwohner lässt sich aber mit dem Stadt-Land-Gegensatz nicht erklären. Eine Interpretation der Werte ist schwierig, weil viele Kantone städtische und ländliche Abschnitte aufweisen, ein Durchschnittswert ist deshalb wenig aussagekräftig.

Wenn wir die Flächen der Erholungs- und Grünanlagen in Beziehung setzen zur Siedlungsfläche, so zeigen sich ebenfalls grosse Unterschiede zwischen den Kantonen. Mit einem Anteil von über 12% lag der Kanton Basel Stadt weit an der Spitze. Es folgten mit Werten zwischen rund 7.5% und 5.5% Genf, Zürich, Neuenburg, Basel Landschaft, Waadt und Schaffhausen. Am unteren Ende fanden sich Glarus, die beiden Appenzell, Uri und der Jura. In diesen Kantonen waren weniger als 3% der Siedlungsfläche Erholungs- und Grünanlagen.

## 3.13 Regionale Übersichten

Mit Hilfe der Arealstatistik 1979/85 wurden auch zwei regionale Übersichten zusammengestellt. Einerseits wurde das Angebot der Erholungs- und Grünanlagen in den touristischen Regionen und andererseits in den Agglomerationen untersucht.

Bezugsgebiete für die Berechnung des Angebots in den Fremdenverkehrsgebieten bilden die vom Bundesamt für Statistik gebildeten Regionen. Diese zwölf **touristischen Regionen** der Schweiz setzen sich wie folgt zusammen:

| | |
|---|---|
| Graubünden: | Kanton Graubünden |
| Berner Oberland: | Amtsbezirke Frutigen, Interlaken, Niedersimmental, Oberhasli, Obersimmental, Saanen, Thun |
| Zentralschweiz: | Kantone Luzern, Uri, Schwyz, Obwalden, Nidwalden, Zug |
| Tessin: | Kanton Tessin |
| Wallis: | Kanton Wallis |
| Waadt: | Kanton Waadt |
| Berner Mittelland: | Amtsbezirke Aarberg, Aarwangen, Bern, Biel, Büren, Burgdorf, Erlach, Fraubrunnen, Konolfingen, Laupen, Nidau, Schwarzenburg, Seftigen, Signau, Trachselwald, Wangen |
| Freiburg/Neuenburg/Jura: (FR/NE/JU) | Kantone Freiburg, Neuenburg, Jura und die Amtsbezirke Courtelary, Moutier, La Neuveville und Laufen des Kantons Bern |
| Ostschweiz: | Kantone Glarus, Schaffhausen, St.Gallen, Thurgau, Appenzell A.Rh., Appenzell I.Rh. |
| Zürich: | Kanton Zürich |
| Nordwestschweiz: | Kantone Solothurn, Basel-Stadt, Basel-Landschaft, Aargau |
| Genf: | Kanton Genf |

Durch die Art der Grenzziehung entstehen relativ grosse und inhomogene Regionen, die nicht nur touristische Gemeinden umfassen, sondern oft auch Gemeinden, die ohne jegliche touristische Bedeutung sind.

Bezugsgebiete für die zweite regionale Auswertung sind die **Agglomerationen**, d.h. die dichtest besiedelten Gebiete des Landes. Sie bestehen meist aus einer einwohnerstarken zentralen Siedlung mit den angrenzenden Vororten und eventuell weiteren Siedlungen. Auch hier wurde die Grenzziehung des Bundesamtes für Statistik übernommen und demzufolge die untenstehenden Agglomerationen unterschieden:

> Aarau
> Baden
> Basel
> Bern
> Biel
> Freiburg
> Genf
> Lausanne
> Luzern
> Lugano
> Neuenburg
> Schaffhausen
> St. Gallen
> Thun
> Vevey-Montreux
> Winterthur
> Zug
> Zürich

### 3.131 Beanspruchte Flächen in den Tourismusregionen

Von den in der Arealstatistik 1979/85 aufgeführten Kategorien der Erholungs- und Grünanlagen sind im Zusammenhang mit dem Tourismus nicht alle gleichermassen relevant. Unter den offenen Sportanlagen beispielsweise werden Fussballplätze und Leichtathletikanlagen vor allem von der ortsansässigen Bevölkerung beansprucht, Tennisplätze und Freibäder sind Einrichtungen, die auch von Feriengästen als Teil der touristischen Infrastruktur mitbenützt werden. Camping- und Caravaningplätze sind "echte" touristische Anlagen. Golfplätze in Feriengebieten richten sich in der Regel vor allem an den Touristen, werden aber auch von Einheimischen mitbenützt. Öffentliche Grünflächen und Parkanlagen dürften von Gästen und Einwohnern gleichermassen geschätzt werden.

Tabelle 3.1/4 zeigt die absoluten Flächen der offenen Sportanlagen, der Camping- und Caravaningplätze, der Golfanlagen und der öffentlichen Parks. Weggelassen wurden die Familiengärten, die aus touristischer Sicht nicht relevant sind. In Tabelle 3.1/5 sind die Pro-Kopf-Werte aufgeführt. Da in der Hauptsaison viele Einrichtungen sowohl von Feriengästen als auch von Einheimischen benützt werden, werden die Pro-Kopf-Werte für die offenen Sportanlagen, für Golf und für die öffentlichen Parks jeweils bezogen auf die Summe von Einwohnern und Gästen (= vorhandene Gastbetten) berechnet, wobei eine maximale Auslastung durch die Gäste angenommen wurde. Für Camping/Caravaning ergibt die beschriebene Relation keine aussagekräftige Grösse.

| Region | Off. Sportanlage | Camping | Golfplatz | Öff. Parkanlage |
|---|---|---|---|---|
| Graubünden | 183 | 81 | 123 | 58 |
| Berner Oberland | 117 | 89 | 61 | 120 |
| Zentralschweiz | 433 | 70 | 18 | 162 |
| Tessin | 232 | 93 | 68 | 88 |
| Wallis | 202 | 128 | 56 | 79 |
| Waadt | 444 | 125 | 94 | 455 |
| Berner Mittelland | 482 | 45 | 0 | 256 |
| FR/NE/JU | 448 | 112 | 71 | 246 |
| Ostschweiz | 653 | 101 | 56 | 199 |
| Zürich | 898 | 27 | 159 | 385 |
| Nordwestschweiz | 908 | 26 | 10 | 404 |
| Genf | 184 | 11 | 41 | 209 |
| Summe | 5184 | 908 | 757 | 2661 |

Tabelle 3.1/4:
Fläche der Erholung- und Grünanlagen in ha in touristischen Regionen (Flächen ohne Seeanteile)

| Region | Off. Sportanlage | Golfplatz | Öff. Park |
|---|---|---|---|
| Graubünden | 9.17 | 6.16 | 2.91 |
| Berner Oberland | 6.10 | 3.18 | 6.25 |
| Zentralschweiz | 7.23 | 0.30 | 2.70 |
| Tessin | 7.89 | 2.31 | 2.99 |
| Wallis | 8.00 | 2.22 | 3.13 |
| Waadt | 7.94 | 1.68 | 8.14 |
| Berner Mittelland | 6.94 | 0 | 3.69 |
| FR/NE/JU | 9.30 | 1.47 | 5.10 |
| Ostschweiz | 8.44 | 0.72 | 2.57 |
| Zürich | 7.85 | 1.39 | 3.37 |
| Nordwestschweiz | 8.13 | 0.09 | 3.62 |
| Genf | 4.92 | 1.10 | 5.59 |
| Durchschnitt | 7.76 | 1.13 | 3.98 |

Tabelle 3.1/5:
Erholungs- und Grünanlagerflächen pro "Kopf" in m2 bezogen auf die Summe von Einwohnern und Gastbetten in den touristischen Regionen

### 3.132 Kommentar zur Situation in den Tourismusregionen

Die Beurteilung des Angebotes an **offenen Sportanlagen** ergibt, dass die touristischen Regionen gut versorgt waren. Einzig Genf lag nahe beim Minimum des geforderten "Pro-Kopf-Wertes", der ja in diesem Falle nicht nur die Einwohner, sondern auch die möglichen Gäste miteinbezieht. Da wir keine Angaben besitzen, was für Einrichtungen im einzelnen jeweils vorhanden sind, können keine detaillierteren, auf den Fremdenverkehr bezogenen Aussagen über die Versorgung mit einzelnen Anlagentypen gemacht werden.

Im Vergleich zu den anderen Regionen gut mit **Golfplätzen** versorgt war gemäss Arealstatistik 1979/85 die Fremdenverkehrsregion Graubünden. Auch das Berner Oberland hatte im Vergleich der Regionen ein relativ gutes Angebot an Golfplätzen. Schlecht war die Situation in der Zentralschweiz, der Nordwestschweiz und im Berner Mittelland, wo gar kein Golfplatz vorhanden war.

Die Regionen waren mit Ausnahme der Ostschweiz und der Zentralschweiz ausreichend bis gut mit **öffentlichen Parkanlagen** versorgt. An der Spitze standen die Waadt, das Berner Oberland, Genf und eher überraschend auch die Fremdenverkehrsregion Freiburg/Neuenburg/Jura. Knapp unter dem Richtwert pro Kopf war das Angebot in Graubünden, etwa deutlicher in der Zentralschweiz und in der Ostschweiz (wobei nochmals daran erinnert sein, dass sich hier die Pro-Kopf-Werte auf die Summe von ständigen Einwohnern und Gästen beziehen).

### 3.133 Beanspruchte Flächen in den Agglomerationen

Tabelle 3.1/6 zeigt die Flächen der Erholungs- und Grünanlagen in den Agglomerationen, wiederum ohne Gewässerflächen. Die Flächenwerte pro „Kopf" sind in Tabelle 3.1/7 enthalten. Im Unterschied zur Tabelle 3.1/5 beziehen sich diese Werte allein auf die Einwohnerzahl in den Agglomerationen.

| | Offene Sportanlage | Familiengarten | Golfplatz | Öffentliche Parkanlage |
|---|---|---|---|---|
| Aarau | 49 | 14 | 0 | 16 |
| Baden | 48 | 17 | 0 | 14 |
| Basel | 189 | 192 | 0 | 222 |
| Bern | 157 | 58 | 0 | 155 |
| Biel | 70 | 41 | 0 | 37 |
| Freiburg | 46 | 10 | 0 | 47 |
| Genf | 192 | 59 | 41 | 221 |
| Lausanne | 120 | 27 | 45 | 215 |
| Luzern | 128 | 40 | 18 | 61 |
| Lugano | 16 | 0 | 0 | 15 |
| Neuenburg | 36 | 12 | 32 | 61 |
| Schaffhausen | 57 | 31 | 0 | 27 |
| St. Gallen | 65 | 27 | 0 | 16 |
| Thun | 55 | 8 | 0 | 40 |
| Vevey-Montreux | 31 | 8 | 0 | 45 |
| Winterthur | 82 | 73 | 0 | 48 |
| Zug | 45 | 18 | 0 | 19 |
| Zürich | 630 | 351 | 101 | 269 |
| Total | 2016 | 986 | 237 | 1528 |

Tabelle 3.1/6:
Erholungs- und Grünanlagen in den Agglomerationen (Flächen in ha)

| | Offene Sportanlage | Familiengarten | Golfplatz | Öffentliche Parkanlage |
|---|---|---|---|---|
| Aarau | 9.6 | 2.7 | 0.0 | 3.1 |
| Baden | 7.0 | 2.5 | 0.0 | 2.0 |
| Basel | 5.2 | 5.3 | 0.0 | 6.1 |
| Bern | 5.5 | 2.0 | 0.0 | 5.4 |
| Biel | 8.3 | 4.9 | 0.0 | 4.4 |
| Freiburg | 9.1 | 2.0 | 0.0 | 9.3 |
| Genf | 5.7 | 1.8 | 1.2 | 6.6 |
| Lausanne | 5.3 | 1.2 | 2.0 | 9.5 |
| Luzern | 8.2 | 2.6 | 1.1 | 3.9 |
| Lugano | 2.3 | 0.0 | 0.0 | 2.2 |
| Neuenburg | 6.2 | 2.1 | 5.5 | 10.4 |
| Schaffhausen | 10.6 | 5.8 | 0.0 | 5.0 |
| St. Gallen | 7.4 | 3.1 | 0.0 | 1.8 |
| Thun | 8.3 | 1.2 | 0.0 | 6.1 |
| Vevey-Montreux | 5.1 | 1.3 | 0.0 | 7.4 |
| Winterthur | 7.6 | 6.8 | 0.0 | 4.5 |
| Zug | 8.6 | 3.5 | 0.0 | 3.6 |
| Zürich | 8.9 | 5.0 | 1.4 | 3.8 |
| Durchschnitt | 7.0 | 3.4 | 0.8 | 5.3 |

Tabelle 3.1/7
Erholungs- und Grünanlageflächen pro "Kopf" in m2 bezogen auf die Einwohner in den Agglomerationen

### 3.134 Kommentar zur Situation in den Agglomerationen

Die Rangliste und die Grössenordnungen der einzelnen Flächenkategorien entsprechen im grossen und ganzen den Einwohnerzahlen der Agglomerationen. In allen Kategorien stand die Agglomeration Zürich an der Spitze. Auf den nächsten Plätzen folgten Basel, Genf, Bern, Lausanne, Luzern, Winterthur und die Agglomerationen mit weniger als 100 000 Einwohnern. Nicht immer stimmt die Dimension der Fläche der einzelnen Kategorien mit der Einwohnerzahl überein. Genf war aufgrund der Einwohnerzahl die drittgrösste Agglomeration. Bei den Sportanlagen beispielsweise besass dieser Siedlungsschwerpunkt aber die zweitgrösste Fläche, bezüglich Familiengärten und Friedhofanlagen lediglich die viertgrösste.

Den höchsten Pro-Kopf-Wert inbezug auf die **offenen Sportanlagen** hatte die Agglomeration Schaffhausen, ihre Gesamtfläche erreichte etwa das Zweifache des Minimalrichtwertes. Es folgten, mit ebenfalls relativ grossen offenen Sportflächen, die Agglomerationen von Aarau, Freiburg, Zürich, Zug, Biel, Thun, Luzern vor anderen, immer noch gut ausgestatteten Siedlungsschwerpunkten. Bis auf die Agglomeration Lugano erfüllten alle das geforderte Minimum.

Sehr unterschiedlich waren die Agglomerationen bezüglich **Familiengärten** versorgt. Gut war das Angebot an Familiengärten in Winterthur, Schaffhausen, Basel, Zürich, Biel mit Pro-Kopf-Werten von über 4 m2, ausreichend in Zug und St. Gallen. Wenn wir von einem Mindestbedarf von 3 m2 pro Kopf ausgehen, so ergibt sich aber aufgrund der Auswertung, dass alle übrigen Regionen schlecht versorgt waren. Es waren dies teils Agglomerationen in ländlich geprägten Kantonen, die möglicherweise weniger dicht überbaut waren als die von Grossstädten dominierten Siedlungsschwerpunkte oder um westschweizerische bzw. Tessiner Agglomerationen. Denkbare Gründe wurden bereits in Kap. 3.122 aufgeführt.

Auffallend ist, wie viele Agglomerationen gar keine **Golfplätze** besassen. (Die direkten Quellen über die Golfplätze wurden regional nicht ausgewertet.) Weitaus am besten sah es für die Neuenburger Golfspieler aus, falls sie innerhalb ihrer Agglomeration Golf spielen wollten. Auch in Lausanne, Zürich, Genf und Luzern bot sich grundsätzlich diese Möglichkeit. Allerdings dürfte in diesen Siedlungsschwerpunkten das Pro-Kopf-Angebot nicht genügend gross sein, um die Nachfrage aus der Agglomeration zu befriedigen.

Extrem grosse Unterschiede zeigen sich bei der Versorgung mit **öffentlichen Parkflächen**. Die am besten ausgestattete Agglomeration Neuenburg hatte rund sechsmal mehr Parkanlagen pro Einwohner als diejenige von St. Gallen. Bis auf diese, sowie auf Baden und Lugano waren aber alle anderen Agglomerationen ausreichend mit parkartigen Flächen versorgt.

In Agglomerationen wohnten (1980) 2 886 000 Personen, das entsprach rund 45% der Gesamtbevölkerung der Schweiz. Die am dichtesten besiedelten Gebie besassen aber 63% der Familiengärten und 57% der öffentlichen Parkanlagen. Der Anteil der offenen Sportanlagen war mit 39% etwas tiefer als man aufgrund der Bevölkerungszahl erwartet hätte. Knapp ein Drittel (31%) der Golfplatzflächen lagen in Agglomerationen, bei den Camping- und Caravaninganlagen waren es nicht einmal ein Zehntel (7%).

## 3.14  Kommunale Übersichten

### 3.141  Beanspruchte Flächen

Abschliessend soll noch das Angebot gemäss Arealstatistik 1979/85 in einigen Gemeinden vorgestellt werden. Die ausgewählten Gemeinden entsprechen grösstenteils den in der Teilstudie über den Flächenverbrauch durch Turn-, Spiel- und Sportanlagen berücksichtigten (vgl. Kap. 3.2). Weggelassen wurden hier aber die kleineren, bevölkerungsschwächeren Kommunen. Die Ergebnisse der Auswertungen zeigen die Tabellen 3.1/8, 3.1/9 und 3.1/10.

| | Offene Sportanlage | Familien-garten | Camping | Golfplatz | Öffentliche Parkanlage |
|---|---|---|---|---|---|
| *Grossstädte:* | | | | | |
| Basel | 43 | 53 | 0 | 0 | 92 |
| Zürich | 207 | 159 | 2 | 10 | 151 |
| Lausanne | 54 | 8 | 10 | 40 | 146 |
| *Mittelstädte:* | | | | | |
| Luzern | 42 | 14 | 2 | 10 | 42 |
| Freiburg | 20 | 2 | 0 | 0 | 35 |
| Chur | 20 | 6 | 4 | 0 | 6 |
| Lugano | 10 | 0 | 0 | 0 | 14 |
| St.Gallen | 52 | 27 | 0 | 0 | 15 |
| *Kleinstädte im polyzentrischen Raum:* | | | | | |
| Aarau | 18 | 7 | 0 | 0 | 15 |
| Solothurn | 14 | 4 | 0 | 0 | 12 |
| Baden | 13 | 1 | 1 | 0 | 8 |
| *Isolierte Kleinstädte:* | | | | | |
| Zug | 20 | 9 | 1 | 0 | 11 |
| Bellinzona | 14 | 5 | 1 | 0 | 4 |
| Nyon | 7 | 4 | 1 | 0 | 8 |
| Davos | 12 | 0 | 0 | 29 | 3 |
| *Grössere ländliche Gemeinden:* | | | | | |
| Sissach | 6 | 2 | 0 | 0 | 6 |
| Brig | 6 | 4 | 7 | 0 | 5 |
| Weinfelden | 9 | 2 | 0 | 0 | 0 |
| Balsthal | 10 | 1 | 0 | 0 | 2 |
| St. Moritz | 17 | 0 | 3 | 0 | 11 |

Tabelle 3.1/8:
Erholungs- und Grünanlagen in ausgewählten Gemeinden (Flächen in ha)

### 3.142 Kommentar zur Situation in den Gemeinden

Die ermittelten Ergebnisse sind mit Vorbehalten zu versehen. Aus den früher genannten Gründen sind Auswertungen auf lokaler Ebene problematisch. Die Grösse der inventarisierten Flächen kann insbesondere bei kleineren Gemeinden stark von der effektiv vorhandenen Fläche abweichen. Deshalb wurde darauf verzichtet, in der Auswertung der Arealstatistik 1979/85 auch noch kleinere Gemeinden einzubeziehen. Eine grobe Einschätzung des Angebotes der berücksichtigten Gemeinden mit Hilfe dieser Statistik sollte aber trotzdem möglich sein.

| | Offene Sportanlage | Familiengarten | Camping | Golfplatz | Öffentliche Parkanlage |
|---|---|---|---|---|---|
| *Grossstädte:* | | | | | |
| Basel | 2.4 | 3.0 | 0 | 0 | 5.2 |
| Zürich | 5.8 | 4.5 | 0.1 | 0.3 | 4.3 |
| Lausanne | 4.3 | 0.6 | 0.8 | 3.2 | 11.6 |
| *Mittelstädte:* | | | | | |
| Luzern | 6.9 | 2.3 | 0.3 | 1.6 | 6.9 |
| Freiburg | 5.7 | 5.7 | 0 | 0 | 10.0 |
| Chur | 6.5 | 1.9 | 1.3 | 0 | 1.9 |
| Lugano | 3.6 | 0 | 0 | 0 | 5.0 |
| St.Gallen | 7.1 | 3.7 | 0 | 0 | 2.0 |
| *Kleinstädte im polyzentrischen Raum:* | | | | | |
| Aarau | 11.4 | 4.4 | 0 | 0 | 9.5 |
| Solothurn | 9.1 | 2.6 | 0 | 0 | 7.8 |
| Baden | 9.3 | 0.7 | 0.7 | 0 | 5.7 |
| *Isolierte Kleinstädte:* | | | | | |
| Zug | 9.4 | 4.2 | 0.5 | 0 | 5.2 |
| Bellinzona | 8.3 | 3.0 | 0.6 | 0 | 2.4 |
| Nyon | 5.2 | 3.0 | 0.7 | 0 | 6.0 |
| Davos | 11.7 | 0 | 0 | 28.4 | 2.9 |
| *Grössere ländliche Gemeinden:* | | | | | |
| Sissach | 12.8 | 4.3 | 0 | 0 | 12.8 |
| Brig | 5.9 | 3.9 | 6.9 | 0 | 4.9 |
| Weinfelden | 10.3 | 2.3 | 0 | 0 | 0 |
| Balsthal | 19.3 | 1.9 | 0 | 0 | 3.9 |
| St. Moritz | 32.3 | 0 | 5.7 | 0 | 20.9 |

Tabelle 3.1/9:
Erholungs- und Grünanlagen pro "Kopf" in m2 bezogen auf die Einwohnerzahl in ausgewählten Gemeinden

Die folgende Beurteilung bezieht sich logischerweise nur auf die jeweilige Gemeindefläche. Wo die der Bewertung zugrunde gelegten Richtwerte nicht erreicht worden sind, ist es möglich, dass der Bedarf aus verschiedenen Gründen (zu wenig Platz im eigenen Territorium, regionale Anlagen zusammen mit anderen Gemeinden) in Nachbargemeinden gedeckt wird bzw. gedeckt werden kann. Dies trifft insbesondere auf Familiengärten und auch auf Sportanlagen zu. Es sei daran erinnert, dass für Camping- und Golfplätze keine Richtwerte bestehen.

| | Gemeinde-fläche in ha | Siedlungs-fläche in ha | Erholungs- und Grünanlage- in ha | Anteil an Sied-lungsfläche in % |
|---|---|---|---|---|
| *Grossstädte:* | | | | |
| Basel | 2395 | 2060 | 194 | 9.4 |
| Zürich | 8772 | 5195 | 491 | 9.5 |
| Lausanne | 4136 | 1676 | 275 | 16.4 |
| *Mittelstädte:* | | | | |
| Luzern | 1581 | 920 | 123 | 13.4 |
| Freiburg | 929 | 543 | 65 | 12.0 |
| Chur | 2800 | 631 | 38 | 6.0 |
| Lugano | 1365 | 429 | 30 | 7.0 |
| St.Gallen | 3943 | 1360 | 115 | 8.5 |
| *Kleinstädte im polyzentrischen Raum:* | | | | |
| Aarau | 888 | 467 | 44 | 9.4 |
| Solothurn | 629 | 386 | 37 | 9.6 |
| Baden | 1320 | 374 | 28 | 7.5 |
| *Isolierte Kleinstädte:* | | | | |
| Zug | 2170 | 480 | 45 | 9.4 |
| Bellinzona | 1911 | 382 | 27 | 7.1 |
| Nyon | 688 | 297 | 20 | 6.7 |
| Davos | 25444 | 486 | 48 | 9.9 |
| *Grössere ländliche Gemeinden:* | | | | |
| Sissach | 889 | 168 | 15 | 8.9 |
| Brig | 3806 | 315 | 24 | 7.6 |
| Weinfelden | 1295 | 313 | 12 | 3.8 |
| Balsthal | 1569 | 192 | 13 | 6.8 |
| St. Moritz | 2867 | 214 | 31 | 14.5 |

Tabelle 3.1/10:
Prozentualer Anteil Erholungs- und Grünanlagen an der Siedlungsfläche in ausgewählten Gemeinden

Unter den drei berücksichtigten Grossstädten (Vgl. Tab. 3.1/8 und 3.1/9) hatte Zürich mit 491 ha weitaus am meisten Erholungs- und Grün-flächen und erfüllte auch die Minimalrichtwerte pro Kopf bezüglich Sportanlagen, Schrebergärten und Parkanlagen. Die Stadt besass zwar nur einen kleinen Campingplatz, hatte aber auch einen Golfplatz. In Basel hatte es wenig Sportanlagen innerhalb des Gemeindegebietes. Die von den Stadtbaslern benötigten Flächen lagen zumindest teils auf dem Gebiet von Nachbargemeinden. Erstaunlicherweise war aber die Gesamtfläche für Familiengärten innerhalb der Stadtgrenzen relativ gross und das Angebot pro Kopf kann diesbezüglich als ausreichend eingestuft werden. Teils erklärbar durch ihre geographische Lage und geringe Ausdehnung (im Vergleich zu Zürich mit 8772 ha nur 2395 ha) besass die Stadt weder Camping- noch Golfplatz. Lausanne, mit einer etwas kleineren Einwohnerzahl als Basel, aber einer grösseren Gemeindefläche (4136 ha) verfügte über ausgedehntere Flächen an offenen Sportanlagen und öffentlichen Parkanlagen. Der Pro-Kopf-Wert für Familiengärten war tief, hier wurde der Minimalrichtwert bei weitem nicht erreicht. Die Waadtländische Hauptstadt verfügte sowohl über einen grösseren Golfplatz wie auch über die grösste Fläche für Camping und Caravaning unter den berücksichtigten Gemeinden.

Von den ausgewählten Mittelstädten waren nur Freiburg und St. Gallen bezüglich Sportanlagen, Familiengärten und Parkanlagen ausreichend versorgt. Luzern hatte relativ wenig Familiengärten. Dies trifft auch für Chur und insbesondere für Lugano zu. In Lugano fehlten die Familiengärten in der Arealstatistik 1979/85. Einzig Luzern hatte unter dieser Gruppe von Gemeinden einen eigenen Golfplatz und einen Campingplatz; Chur besass einen Campingplatz.

Unter den sieben Kleinstädten in der Tabelle konnten Aarau und mit gewissen Vorbehalten auch Solothurn (wenig Familiengärten), Zug und Bellinzona als ausreichend versorgt eingestuft werden. Baden und Davos besassen viel zu wenig Familiengärten. Lugano hatte wenig eigene offene Sportanlagen und keine Familiengärten. Davos hatte zwar keinen Campingplatz, besass aber einen Golfplatz.

Unter den in der Tabelle ebenfalls noch berücksichtigten grösseren ländlichen Gemeinden verfügten Sissach und Brig über ein ausreichendes Angebot bezüglich der vier wichtigsten Kategorien. In Weinfelden wurden keine öffentlichen Parkanlagen inventarisiert. St. Moritz und Balsthal hatten zudem relativ wenig Familiengärten. Bei St. Moritz fällt die relativ grosse Fläche an offenen Sportanlagen und an öffentlichen Parkanlagen auf.

In den ausgewählten Gemeinden waren die Pro-Kopf-Werte bezüglich der **offenen Sportanlagen** bei den Grossstädten tendenziell am kleinsten, bei den Mittelstädten und Kleinstädten waren sie grösser und erreichten bei den grösseren ländlichen Gemeinden die höchsten Werte. Ausnahmen bestätigen die Regel.

Hinsichtlich **Familiengärten** lässt sich kein eindeutiger Trend ablesen. Viele der berücksichtigten Gemeinden besassen gemäss Auswertung nicht genügend Flächen für Familiengärten. Auch hier lässt sich keine Gesetzmässigkeit ableiten. In allen Kategorien fanden sich nach Arealstatistik 1979/85 Gemeinden mit keinen, wenigen oder ausreichend grossen Pro-Kopf-Flächen.

Die Versorgung mit **öffentlichen Parkanlagen** in den ausgewählten Gemeinden war grösstenteils gut bis sehr gut, sofern der Richtwert als Massstab genommen wird. Nicht genügend parkartige Grünflächen hatten nach Statistik Weinfelden, Bellinzona, St. Gallen und Chur.

Eine Berechnung des Anteils der Erholungs- und Grünanlagen an der Siedlungsfläche der ausgewählten Gemeinden (vgl. Tab. 3.1/10) ergab – wie aufgrund der vorherigen Auswertungen zu erwarten war – ebenfalls relativ grosse Unterschiede. Aufgrund der Ergebnisse der Arealstatistik bewegte sich der Anteil dieser Flächen zwischen knapp 4% für Weinfelden und gut 16% für Lausanne. Im Falle von Lausanne waren ein Golfplatz und ein Campingplatz mitverantwortlich für diesen hohen Prozentsatz an Erholungs- und Grünanlagen. Aber auch ohne diese Anlagen erreichte der Anteil an Erholungs- und Grünflächen gemäss Arealstatistik noch gut 13% der Siedlungsfläche. In dieser Grössenordnung lagen auch die Werte für St. Moritz (14.5%), Luzern (13.4%) und Freiburg (12%). Die Grossstädte Basel und Zürich bildeten zusammen mit den Kleinstädten Aarau, Solothurn, Zug, Davos, St. Gallen sowie mit Sissach eine Gruppe mit rund 8.5% bis 10% Anteilen an Erholungs- und Grünanlagen. Sie waren damit etwa im mittleren Bereich der einbezogenen Gemeinden. Im unteren Bereich finden wir dann Brig, Baden, Bellinzona, Lugano, Balsthal, Nyon, Lugano und Chur mit einem doch recht tiefen Prozentsatz an Sport-, Erholungs- und Grünflächen.

## 3.15 Zusammenfassung und Folgerungen

Ziel der in Kapitel 3.1 beschriebenen Teiluntersuchung war es, die Arealstatistik 1979/85 bezüglich Flächen für Sport, Erholung und Tourismus auszuwerten. Die Statistik unterscheidet fünf für Sport, Erholung und Tourismus mehr oder weniger direkt relevante Nutzungskategorien[1]: offene Sportanlagen, Familiengärten, Camping/Caravaning, Golfplätze und öffentliche Parkanlagen. Für diese Nutzungen wurden Flächenbilanzen auf nationaler, kantonaler, regionaler und kommunaler Ebene erstellt. Die Auswertungen auf regionaler Ebene bezogen sich auf Tourismusregionen

---

[1] Erholungsflächen als Grundnutzungen

und auf Agglomerationen. Die kommunale Ebene wurde durch wenige ausgewählte Gemeinden vertreten.

Im Hinblick auf eine Beurteilung der Versorgungslage wurden aus den ermittelten Flächen Pro-Kopf-Werte berechnet. Die Auswertung zeigt relativ grosse Unterschiede zwischen den einzelnen Kantonen, den verglichenen Regionen und Gemeinden. Der Vergleich mit bestehenden Richtwerten zeigt aber, dass im grossen und ganzen die Versorgung der Bevölkerung bezüglich der in der Arealstatistik 1979/85 enthaltenen Erholungs- und Grünanlagen ausreichend bis gut war.

Die Arealstatistik 1979/85 ist sicher ein wertvolles Hilfsmittel um schnell einen Überblick über Grundnutzungen aus nationaler und kantonaler bzw. überregionaler Ebene zu gewinnen. Auf tieferer Ebene stösst jedoch die Statistik an ihre Grenzen. Sie scheint wenig geeignet für Auswertungen auf regionaler und noch weniger auf lokaler Stufe. Dies erklärt sich durch die für die Datenaufnahme gewählte Vorgehensweise mittels eines groben Stichprobenrasters. Auswertungen auf regionaler und vor allem lokaler Ebene müssen deshalb mit Vorbehalten versehen werden.

Die Bodennutzung "Erholungs- und Grünanlagen" ist in der Arealstatistik 1979/85 in nur sechs Kategorien[1] unterteilt und damit wenig differenziert. Sie ist zudem sehr heterogen zusammengesetzt. Eine detailliertere Aufnahme von Flächennutzungen, die für den Sport, die Erholung und den Tourismus von Bedeutung sind, wäre sehr wünschenswert. Beispielsweise fehlen in der Statistik im einzelnen Flächenangaben über Eislauffelder, Tennisanlagen, Fussballfelder, Freibäder und Hallenbäder, Leichtathletikanlagen und überdachte Einrichtungen wie Turn-, Tennis- und Squashhallen. Einer detaillierteren Aufnahme sind jedoch vermutlich durch die Art der verwendeten Aufnahmemethode Grenzen gesetzt.

---

[1] Die sechste Kategorie bilden die Friedhöfe.

## 3.2   Turn-, Spiel- und Sportanlagen

### 3.21   Gesamtschweizerische Übersicht

#### 3.211   Beanspruchte Flächen

Die Ergebnisse der gesamtschweizerischen Auswertungen aus dem Jahre 1975 sind in den Tabellen 3.2/1 bis 3.2/3 dargestellt:

| Anlageart(A) | Anlagetyp(T) | Anzahl | Fläche in m2 | m2/E(T) | m2/E(A) |
|---|---|---|---|---|---|
| Freianlagen | Spielwiese | 3492 | 4117500 | 0.643 | 2.780 |
|  | Rasensport | 2565 | 9054000 | 1.414 |  |
|  | Trockenplatz | 3401 | 2118150 | 0.331 |  |
|  | Leichtath.-Anl. | 6310 | 2517260 | 0.393 |  |
| Sporthallen | Turnhallen | 4969 | 1235942 | 0.193 | 0.225 |
|  | Reithallen | 163 | 203750 | 0.032 |  |
| Freibäder | Naturbäder | 346 | 543000 | 0.085 | 0.633 |
|  | Badanlagen | 1204 | 3513060 | 0.548 |  |
| Hallenbäder | Alle | 856 | 143148 | 0.022 | 0.022 |
| Eisbahnen | Natureisbahn | 163 | 293400 | 0.046 | 0.071 |
| mit Curling | Kunsteisbahn | 111 | 161400 | 0.025 |  |
|  | Eishalle | 38 | 48700 | 0.008 | 0.008 |
| Sonderanlagen | Tennis Feld | 2008 | 1345360 | 0.210 | 0.210 |
|  | Tennis Halle | 146 | 88220 | 0.014 | 0.014 |
|  | Andere | 953 | 2485945 | 0.388 | 0.388 |
| Total |  | 26725 | 27868835 | 4.351 | 4.351 |

Tabelle 3.2/1
Turn-, Spiel- und Sportanlagen in der Schweiz um 1975

Wie man aus den Tabellen 3.2/1 und 3.2/2 entnehmen kann, stand in der Schweiz für Turnen, Spiel und Sport um 1975 eine Mindestfläche von etwa 2787 ha, um 1986 eine Mindestfläche von ca. 3431 ha zur Verfügung. Das ergab pro Einwohner eine Minimalfläche von ca. 4.4 bzw. 5.2 m2. Der Hauptteil der beanspruchten Flächen wurde 1975 von Freianlagen (64%) eingenommen, danach folgten die Freibäder (15%) und Sonderanlagen (mit Tennisplätzen 14%). Den Schluss der Rangliste bildeten die Eisbahnen in Hallen. Die Erhebung 1986 bestätigte diese Rangordnung, nur die Sonderanlagen und die Freibäder haben ihre Plätze gewechselt. Die Zunahme der beanspruchten Flächen von 1975 bis 1986 betrug absolut betrachtet 23%, bezogen auf die pro Kopfwerte 20%. Das ergibt eine Zunahme von 2.1% bzw. 1.8% pro Jahr.

| Anlageart(A) | Anlagetyp(T) | Anzahl | Fläche in m2 | m2/E(T) | m2/E(A) |
|---|---|---|---|---|---|
| Freianlagen | Spielwiese | 3590 | 4222500 | 0.642 | 3.291 |
| | Rasensport | 3246 | 11371050 | 1.730 | |
| | Trockenplatz | 3997 | 2914750 | 0.443 | |
| | Leichtathl.-Anl. | 7231 | 3120990 | 0.475 | |
| Sporthallen | Turnhallen | 6349 | 1670783 | 0.254 | 0.291 |
| | Reithallen | 195 | 243750 | 0.037 | |
| Freibäder | Naturbäder | 357 | 551000 | 0.084 | 0.638 |
| | Badanlagen | 1258 | 3644165 | 0.554 | |
| Hallenbäder | Alle | 1000 | 167293 | 0.025 | 0.025 |
| Eisbahnen | Natureisbahn | 150 | 270000 | 0.041 | 0.067 |
| mit Curling | Kunsteisbahn | 124 | 172620 | 0.026 | |
| | Eishalle | 97 | 130660 | 0.020 | 0.020 |
| Sonderanlagen | Tennis Feld | 3688 | 2470960 | 0.376 | 0.376 |
| | Tennis Halle | 1369 | 624430 | 0.095 | 0.095 |
| | Andere | 1177 | 2734050 | 0.416 | 0.416 |
| Total | | 33828 | 34309001 | 5.220 | 5.220 |

Tabelle 3.2/2
Turn-, Spiel- und Sportanlagen in der Schweiz um 1986

| Anlageart(A) | Anlagetyp(T) | Änderung in m2 | 1975-86 in % | m2/E(T) 1975 | m2/E(T) 1986 | Änderung in % |
|---|---|---|---|---|---|---|
| Freianlagen | Spielwiese | 105000 | 2.6 | 0.643 | 0.642 | -0.1 |
| | Rasensport | 2317050 | 25.6 | 1.414 | 1.730 | 22.4 |
| | Trockenplatz | 796600 | 37.6 | 0.331 | 0.443 | 34.1 |
| | Leichtathl. Anl. | 603730 | 24.0 | 0.393 | 0.475 | 20.8 |
| Sporthallen | Turnhallen | 434841 | 35.2 | 0.193 | 0.254 | 31.7 |
| | Reithallen | 40000 | 19.6 | 0.032 | 0.037 | 16.6 |
| Freibäder | Naturbäder | 8000 | 1.5 | 0.085 | 0.084 | -1.1 |
| | Badanlagen | 131105 | 3.7 | 0.548 | 0.554 | 1.1 |
| Hallenbäder | Alle | 24145 | 16.9 | 0.022 | 0.025 | 13.9 |
| Eisbahnen | Natureisbahn | -23400 | 8.0 | 0.046 | 0.041 | -10.3 |
| mit Curling | Kunsteisbahn | 11220 | 7.0 | 0.025 | 0.026 | 4.2 |
| | Eishalle | 81960 | 168.3 | 0.008 | 0.020 | 161.4 |
| Sonderanlagen | Tennis Feld | 1125600 | 83.7 | 0.210 | 0.376 | 79.0 |
| | Tennis Halle | 536210 | 607.8 | 0.014 | 0.095 | 589.7 |
| | Andere | 248105 | 10.0 | 0.388 | 0.416 | 7.2 |
| Total | | 6440166 | 23.1 | 4.351 | 5.220 | 20.0 |

Tabelle 3.2/3
Entwicklung der Turn-, Spiel- und Sportanlagenflächen in der Schweiz zwischen 1975-1986

### 3.212 Kommentar

Bezogen auf die Spielmöglichkeiten ist der gesamtschweizerische Bestand von 0.64 m2 Spielwiese pro Einwohner eher als unbefriedigend zu bewerten. Werden jedoch die Trockenplätze mit 0.33 (1975) bzw. 0.44 m2 (1986) pro Einwohner miteingerechnet, so darf das Angebot als einigermassen ausreichend beurteilt werden. Eher schlechter stand es mit den Sportanlagen, die mit 1.41 bzw. 1.73 m2 Rasenflächen und 0.39 bzw. 0.48 m2 Leichtathletikanlagen nicht einmal den Wert von 2.5 m2 pro Einwohner erreichten. Hingegen scheint für Hallensporttätigkeiten - insbesondere nach 1986 - genügend Fläche zur Verfügung gestanden zu haben, wenn auch der grössere Anteil des Angebotes von Mehrzweckhallen stammen dürfte. Eher knapp, aber wahrscheinlich dennoch genügend war das Angebot an Freibädern[1]. Das Angebot an Hallenbädern war deutlich unbefriedigend. Nicht gedeckt war auch der Bedarf an Kunsteisbahnen, während sich das Angebot an Tennisplätzen ab 1986 dem Bedarf stark annäherte.

Ein direkter Vergleich der Kopfquoten aus dem Jahr 1975 und 1986 (siehe Abb. 3.2/1 bzw. Tabelle 3.2/3) zeigt eine sehr starke Zunahme der Tennishallen, eine starke Zunahme der Eishallen und der Tennisfelder und eine noch überdurchschnittliche Zunahme der Rasensport- und Trokkenplätze, der Leichtathletikanlagen und der Turnhallen. Merkbar unterdurchschnittlich war die Zunahme der Badeanlagen, Kunsteisbahnen und der weiteren Sonderanlagen. Abgenommen haben die Pro-Kopf-Quoten für Spielwiesen, Naturbäder und speziell für Natureisbahnen. Absolut gesehen ist nur die Fläche der Natureisbahnen zurückgegangen.

Bezogen auf die Landesfläche betrug der Flächenanteil der Turn- Spiel- und Sportanlagen etwa 0.08 %. Diese Anlagen sind jedoch an das Siedlungsgebiet gebunden. Sie belegen dauernd die Bodenfläche und bilden oft eine eigene Zone innerhalb der Bauzone, nämlich die "Zone für öffentliche Bauten und Anlagen". Aus diesem Grund ist für sie die Fläche der Baugebiete als Bezugsraum aussagekräftiger.

Bezogen auf das Baugebiet - wir verwenden im folgenden diesen Begriff synonym mit dem Siedlungsgebiet - betrug der Flächenanteil der Turn-, Spiel- und Sportanlagen 1975 etwa 1.5 % und 1986 ebenfalls

[1] Die Relation Bassinfläche zu Gesamtfläche kann bis zu 1:18 betragen. (Siehe Bund Deutscher Landschaftsarchitekten BDLA: Sportstättenplanung. 16 Callwey, München 1974. Anm. 3 auf Seite 6.) Daraus folgt, dass das Angebot 1986 die Grössenordnung von 1.0 m2 pro Einwohner erreichen konnte. Das stagnierende Angebot spricht ebenfalls für diese Annahme.

etwa 1.4 %[1]. Daraus folgt, dass die Zunahme der Flächen für Spiel, Turnen und Sport beinahe gleich gross war wie jene der Baugebiete.

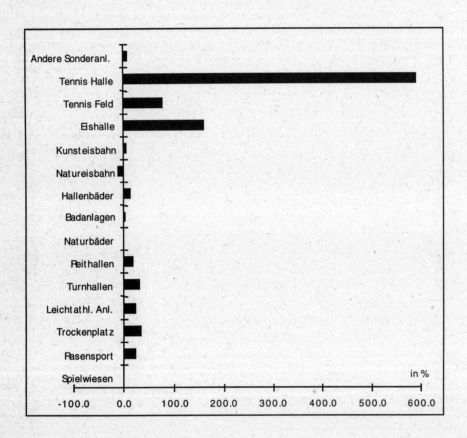

Abb. 3.2/1
Änderung der Pro-Kopf-Quoten zwischen 1975 und 1986 in %

---

[1] Über die Bodennutzung in der Schweiz bestehen wenig Angaben. Die Erhebung im Jahre 1972 ergab eine Siedlungsfläche von 1778 km2, jene im Jahre 1979/85 2418 km2. Für die 13 Jahre zwischen 1972 und 1985 berechnet sich die durchschnittliche jährliche Zunahme der Siedlungsfläche auf rund 50 km2. Das ergibt eine Siedlungsfläche von 1928 km2 für 1975 und von 2468 km2 für 1986.

## 3.22 Kantonale Übersichten

### 3.221 Beanspruchte Flächen 1975

Wie aus der Tabelle 3.2/4 ersichtlich ist, unterschieden sich die Angebote der Kantone für Spiel-, Sport- und Turnanlagen schon im Jahre 1975 erheblich.

|     | FA   | SH   | FB   | HB   | EF   | EH   | TF   | TH   | WSA  | TOTAL |
|-----|------|------|------|------|------|------|------|------|------|-------|
| ZH  | 2.52 | 0.22 | 0.68 | 0.03 | 0.03 | 0.00 | 0.32 | 0.02 | 0.30 | 4.12  |
| BE  | 2.72 | 0.20 | 0.61 | 0.02 | 0.08 | 0.01 | 0.14 | 0.01 | 0.34 | 4.13  |
| LU  | 3.22 | 0.25 | 0.51 | 0.02 | 0.03 | 0.01 | 0.15 | 0.01 | 0.46 | 4.64  |
| UR  | 2.11 | 0.20 | 0.06 | 0.03 | 0.08 | 0.00 | 0.06 | 0.00 | 0.30 | 2.83  |
| SZ  | 1.90 | 0.20 | 0.42 | 0.02 | 0.05 | 0.00 | 0.19 | 0.04 | 0.39 | 3.20  |
| OW  | 1.43 | 0.19 | 0.74 | 0.04 | 0.20 | 0.00 | 0.33 | 0.00 | 0.99 | 3.92  |
| NW  | 3.64 | 0.29 | 0.49 | 0.02 | 0.03 | 0.00 | 0.26 | 0.00 | 0.55 | 5.27  |
| GL  | 2.76 | 0.24 | 1.44 | 0.02 | 0.07 | 0.00 | 0.17 | 0.03 | 1.00 | 5.74  |
| ZG  | 3.13 | 0.24 | 0.64 | 0.03 | 0.06 | 0.00 | 0.31 | 0.02 | 0.44 | 4.86  |
| FR  | 4.31 | 0.18 | 0.27 | 0.04 | 0.02 | 0.00 | 0.14 | 0.01 | 0.53 | 5.50  |
| SO  | 3.50 | 0.24 | 0.55 | 0.03 | 0.03 | 0.00 | 0.15 | 0.01 | 0.52 | 5.04  |
| BS  | 1.63 | 0.14 | 0.30 | 0.01 | 0.04 | 0.00 | 0.20 | 0.02 | 0.03 | 2.37  |
| BL  | 2.36 | 0.27 | 0.55 | 0.02 | 0.03 | 0.00 | 0.20 | 0.00 | 0.36 | 3.78  |
| SH  | 2.93 | 0.26 | 1.32 | 0.01 | 0.06 | 0.01 | 0.31 | 0.00 | 0.53 | 5.43  |
| AR  | 1.99 | 0.23 | 1.21 | 0.02 | 0.02 | 0.04 | 0.07 | 0.01 | 0.67 | 4.23  |
| AI  | 1.71 | 0.16 | 0.85 | 0.03 | 0.07 | 0.00 | 0.00 | 0.00 | 0.78 | 3.59  |
| SG  | 2.73 | 0.22 | 0.76 | 0.02 | 0.04 | 0.01 | 0.16 | 0.02 | 0.33 | 4.29  |
| GR  | 2.48 | 0.29 | 0.70 | 0.04 | 0.54 | 0.01 | 0.55 | 0.02 | 1.21 | 5.84  |
| AG  | 2.95 | 0.27 | 0.96 | 0.02 | 0.03 | 0.01 | 0.12 | 0.01 | 0.37 | 4.73  |
| TG  | 3.35 | 0.29 | 0.97 | 0.01 | 0.05 | 0.01 | 0.16 | 0.01 | 0.33 | 5.18  |
| TI  | 2.46 | 0.17 | 0.59 | 0.02 | 0.04 | 0.00 | 0.14 | 0.01 | 0.20 | 3.64  |
| VD  | 2.95 | 0.21 | 0.53 | 0.02 | 0.05 | 0.01 | 0.22 | 0.01 | 0.32 | 4.30  |
| VS  | 2.79 | 0.21 | 0.62 | 0.04 | 0.39 | 0.01 | 0.31 | 0.01 | 0.74 | 5.11  |
| NE  | 2.66 | 0.22 | 0.53 | 0.01 | 0.09 | 0.02 | 0.25 | 0.01 | 0.50 | 4.29  |
| GE  | 1.69 | 0.19 | 0.26 | 0.01 | 0.00 | 0.01 | 0.15 | 0.03 | 0.08 | 2.42  |
| JU  | 5.83 | 0.32 | 0.43 | 0.01 | 0.12 | 0.03 | 0.12 | 0.00 | 0.96 | 7.83  |
| CH  | 2.78 | 0.23 | 0.63 | 0.02 | 0.07 | 0.01 | 0.21 | 0.01 | 0.39 | 4.35  |

| | | | |
|---|---|---|---|
| FA = Freianlagen | SH = Sporthallen | FB = Freibäder | HB = Hallenbäder |
| EF = Eisfelder | EH = Eishallen | TF = Tennisfelder | TH = Tennishallen |
| WSA = Weitere Sonderanlagen | | | |

Tabelle 3.2/4

Turn-, Spiel- und Sportanlagen in den Kantonen um 1975: Flächen in m2 pro Einwohner

Das Minimum an Totalflächen wurde im Kanton Basel Stadt, das Maximum auf dem Territorium des heutigen Kantons Jura ermittelt, wobei die Relation der beiden kantonalen Werte grösser als 1:3 ist. Bezogen auf den schweizerischen Mittelwert hatten 12 Kantone überdurchschnittliche, 14 Kantone unterdurchschnittliche Gesamtwerte.

### 3.222 Kommentar zum Bestand 1975

Eine Erklärung oder Begründung der unterschiedlichen kantonalen Angebote pro Einwohner ist nicht möglich. Vergleichbare Werte wie im Stadtkanton Basel finden wir z.B im Kanton Genf und in den Bergkantonen Uri und Schwyz. Andererseits ist das Angebot im Gebiet des heutigen Kantons Jura und in den Kantonen Graubünden, Glarus, Freiburg, Nidwalden, Thurgau und Wallis sehr ähnlich. Um den schweizerischen Mittelwert bewegten sich die Kantone Zürich, Bern, Luzern, Zug, Appenzell Ausser Rhoden, St. Gallen, Aargau, Waadt und Neuenburg.

Wenn man nur die Kategorie der Freianlagen für Spiel-, Turn- und Sport betrachtet, ähnelt die Rangordnung der Kantone jener nach der Totalfläche, wobei sich das Minimum im Kanton Obwalden fand. Bei den Turn- und Sporthallen erreichten 12 Kantone den schweizerischen Mittelwert, bei den Freibädern 11 und bei den Hallenbädern 20 Kantone. Besonders hohe Werte für das Baden im Freien haben die Kantone Glarus, Schaffhausen und Appenzell Ausser Rhoden, für das Baden in Hallen die Kantone Obwalden, Freiburg, Graubünden und Wallis. Mit Eisbahnen im Freien waren nur sieben Kantone, in Hallen nur drei Kantone überdurchschnittlich versorgt. In der Spalte der Tennisfelder fällt die grosse Streuung auf. Das gleiche gilt auch für die Werte der übrigen Sonderanlagen.

Funktional, d.h. im Lichte der Planungswerte betrachtet, erfüllten 1975 nur sechs Kantone (Nidwalden, Freiburg, Solothurn, Thurgau, der heutige Jura und etwas knapp Luzern) die tiefsten Limite für Spielwiesen und Rasensport. Auf der anderer Seite verfügten alle Kantone über ausreichende Angebote für Spiel und Sport in Hallen. Bezüglich Freibad waren die Kantone Glarus, Schaffhausen, Appenzell Ausser Rhoden und vielleicht noch Aargau und Thurgau einigermassen befriedigend versorgt. Die Limite für Hallenbäder hatte indessen kein Kanton erreicht! Kunsteisbahnen - im Feld und in Hallen - waren nur in fünf Kantonen ausreichend vorhanden. Noch weniger Kantone , nämlich nur Graubünden - verfügten über ein ausreichendes Angebot an Tennisplätzen (im Feld und in Hallen).

### 3.223 Beanspruchte Flächen 1986

Die Tabellen 3.2/5 und 3.2/6 zeigen den kantonalen Bestand der Turn-, Spiel- und Sportflächen absolut und pro Einwohner im Jahre 1986:

|    | FA | SH | FB | HB | EF | EH | TF | TH | WSA | TOTAL |
|----|-----|-----|-----|-----|-----|-----|-----|-----|-----|-------|
| ZH | 3146050 | 308144 | 791295 | 35010 | 35060 | 10640 | 482400 | 110860 | 361730 | 5281189 |
| BE | 3171395 | 258704 | 626255 | 21274 | 83540 | 29220 | 263980 | 70330 | 387285 | 4911983 |
| LU | 1216205 | 95705 | 151670 | 5635 | 8100 | 2660 | 88440 | 24460 | 156515 | 1749390 |
| UR | 116710 | 11775 | 2000 | 1214 | 1800 | 0 | 5360 | 1410 | 17575 | 157844 |
| SZ | 272540 | 28476 | 38420 | 2696 | 1800 | 1800 | 28140 | 6450 | 50050 | 430372 |
| OW | 78035 | 9631 | 22645 | 1102 | 860 | 2660 | 13400 | 4020 | 26335 | 158688 |
| NW | 103795 | 10210 | 18240 | 590 | 0 | 0 | 8710 | 4440 | 15750 | 161735 |
| GL | 137935 | 12729 | 51195 | 1049 | 3600 | 0 | 12060 | 3350 | 39635 | 261553 |
| ZG | 278510 | 20908 | 45050 | 2088 | 900 | 1760 | 36850 | 12370 | 35065 | 433501 |
| FR | 1018155 | 56329 | 51815 | 6722 | 1800 | 1800 | 81740 | 26370 | 124030 | 1368761 |
| SO | 965230 | 68333 | 124615 | 7950 | 6300 | 5320 | 65660 | 22740 | 88880 | 1355028 |
| BS | 400770 | 30870 | 64460 | 2649 | 7200 | 2660 | 48910 | 7610 | 8220 | 573349 |
| BL | 652960 | 71364 | 121375 | 4561 | 5400 | 0 | 81070 | 27980 | 85465 | 1050175 |
| SH | 255575 | 23156 | 105630 | 1037 | 3600 | 1760 | 34170 | 6590 | 38755 | 470273 |
| AR | 111725 | 12413 | 59655 | 1621 | 0 | 1800 | 8040 | 2010 | 32900 | 230164 |
| AI | 29605 | 3224 | 11525 | 412 | 0 | 0 | 0 | 1480 | 5250 | 51496 |
| SG | 1319730 | 123726 | 290580 | 9583 | 9000 | 9780 | 138020 | 38100 | 144670 | 2083189 |
| GR | 594415 | 73481 | 130910 | 11145 | 117300 | 8060 | 149410 | 22630 | 249860 | 1357211 |
| AG | 1573535 | 157810 | 409105 | 9781 | 11700 | 4460 | 156780 | 56440 | 143650 | 2523261 |
| TG | 735390 | 71025 | 180090 | 2985 | 9900 | 6260 | 48240 | 13890 | 58005 | 1125785 |
| TI | 933095 | 66148 | 195435 | 7593 | 14400 | 900 | 100500 | 16890 | 95660 | 1430621 |
| VD | 1976265 | 154479 | 298690 | 9949 | 20660 | 7940 | 213060 | 65220 | 193110 | 2939373 |
| VS | 886735 | 76206 | 171175 | 10221 | 79900 | 16860 | 167500 | 20410 | 194285 | 1623292 |
| NE | 494510 | 43333 | 89690 | 2754 | 14400 | 6260 | 68340 | 19990 | 102635 | 841912 |
| GE | 674100 | 97502 | 117245 | 6268 | 1800 | 4460 | 150080 | 32960 | 21185 | 1105600 |
| JU | 486320 | 28852 | 26400 | 1404 | 3600 | 3600 | 20100 | 5430 | 57550 | 633256 |
| CH | 21629290 | 1914533 | 4195165 | 167293 | 442620 | 130660 | 2470960 | 624430 | 2734050 | 34309001 |

Abkürzungen siehe in Tabelle 3.2/4

Tabelle 3.2/5

Turn-, Spiel- und Sportanlagen in den Kantonen um 1986: Flächen in m2

| | FA | SH | FB | HB | EF | EH | TF | TH | WSA | TOTAL |
|---|---|---|---|---|---|---|---|---|---|---|
| ZH | 2.78 | 0.27 | 0.70 | 0.03 | 0.03 | 0.01 | 0.43 | 0.10 | 0.32 | 4.67 |
| BE | 3.46 | 0.28 | 0.68 | 0.02 | 0.09 | 0.03 | 0.29 | 0.08 | 0.42 | 5.37 |
| LU | 3.97 | 0.31 | 0.50 | 0.02 | 0.03 | 0.01 | 0.29 | 0.08 | 0.51 | 5.71 |
| UR | 3.49 | 0.35 | 0.06 | 0.04 | 0.05 | 0.00 | 0.16 | 0.04 | 0.53 | 4.72 |
| SZ | 2.64 | 0.28 | 0.37 | 0.03 | 0.03 | 0.02 | 0.27 | 0.06 | 0.48 | 4.18 |
| OW | 2.83 | 0.35 | 0.82 | 0.04 | 0.03 | 0.10 | 0.49 | 0.15 | 0.95 | 5.75 |
| NW | 3.34 | 0.33 | 0.59 | 0.02 | 0.00 | 0.00 | 0.28 | 0.14 | 0.51 | 5.21 |
| GL | 3.77 | 0.35 | 1.40 | 0.03 | 0.10 | 0.00 | 0.33 | 0.09 | 1.08 | 7.15 |
| ZG | 3.41 | 0.26 | 0.55 | 0.03 | 0.01 | 0.02 | 0.45 | 0.15 | 0.43 | 5.31 |
| FR | 5.23 | 0.29 | 0.27 | 0.03 | 0.01 | 0.01 | 0.42 | 0.14 | 0.64 | 7.03 |
| SO | 4.40 | 0.31 | 0.57 | 0.04 | 0.03 | 0.02 | 0.30 | 0.10 | 0.40 | 6.17 |
| BS | 2.06 | 0.16 | 0.33 | 0.01 | 0.04 | 0.01 | 0.25 | 0.04 | 0.04 | 2.95 |
| BL | 2.89 | 0.32 | 0.54 | 0.02 | 0.02 | 0.00 | 0.36 | 0.12 | 0.38 | 4.65 |
| SH | 3.66 | 0.33 | 1.51 | 0.01 | 0.05 | 0.03 | 0.49 | 0.09 | 0.56 | 6.74 |
| AR | 2.26 | 0.25 | 1.21 | 0.03 | 0.00 | 0.04 | 0.16 | 0.04 | 0.67 | 4.66 |
| AI | 2.25 | 0.25 | 0.88 | 0.03 | 0.00 | 0.00 | 0.00 | 0.11 | 0.40 | 3.92 |
| SG | 3.27 | 0.31 | 0.72 | 0.02 | 0.02 | 0.02 | 0.34 | 0.09 | 0.36 | 5.16 |
| GR | 3.57 | 0.44 | 0.79 | 0.07 | 0.70 | 0.05 | 0.90 | 0.14 | 1.50 | 8.15 |
| AG | 3.33 | 0.33 | 0.87 | 0.02 | 0.02 | 0.01 | 0.33 | 0.12 | 0.30 | 5.34 |
| TG | 3.82 | 0.37 | 0.94 | 0.02 | 0.05 | 0.03 | 0.25 | 0.07 | 0.30 | 5.85 |
| TI | 3.37 | 0.24 | 0.70 | 0.03 | 0.05 | 0.00 | 0.36 | 0.06 | 0.35 | 5.16 |
| VD | 3.59 | 0.28 | 0.54 | 0.02 | 0.04 | 0.01 | 0.39 | 0.12 | 0.35 | 5.34 |
| VS | 3.81 | 0.33 | 0.74 | 0.04 | 0.34 | 0.07 | 0.72 | 0.09 | 0.84 | 6.98 |
| NE | 3.17 | 0.28 | 0.57 | 0.02 | 0.09 | 0.04 | 0.44 | 0.13 | 0.66 | 5.39 |
| GE | 1.85 | 0.27 | 0.32 | 0.02 | 0.00 | 0.01 | 0.41 | 0.09 | 0.06 | 3.04 |
| JU | 7.52 | 0.45 | 0.41 | 0.02 | 0.06 | 0.06 | 0.31 | 0.08 | 0.89 | 9.79 |
| CH | 3.29 | 0.29 | 0.64 | 0.03 | 0.07 | 0.02 | 0.38 | 0.10 | 0.42 | 5.22 |

Abkürzungen siehe in Tabelle 3.2/4

Tabelle 3.2/6
Turn-, Spiel- und Sportanlagen in den Kantonen um 1986 : Flächen in m2 pro Einwohner

Aus Tabelle 3.2/6 ist zu entnehmen, dass die Rangordnung der Kantone insofern unverändert blieb, als der Kanton Jura weiterhin die erste Stelle und der Kanton Basel Stadt die letzte Stelle belegten. Auch die Relation ihrer Gesamtwerte ist erhalten geblieben. Insgesamt hat jedoch der Gesamwert in allen Kantonen zugenommen. 16 Kantone hatten überdurchschnittliche Gesamtwerte.

### 3.224 Kommentar zum Bestand 1986

Unterdurchschnittlich versorgt waren mit Freianlagen für Turnen, Spiel und Sport um 1986 weiterhin die Kantone Zürich, Schwyz, Obwalden, Basel Stadt und Land, Appenzell Inner und Ausser Rhoden sowie der Kanton Genf. Bei den Sporthallen hatte einzig der Kanton Basel Stadt einen Wert massgeblich unter dem Durchschnitt. Das Angebot an Freibädern war insbesondere im Kanton Uri sehr schlecht, aber auch in den Kantonen Schwyz, Freiburg, Basel Stadt, Genf und Jura noch weit unter dem schweizerischen Mittelwert. Die Pro-Kopf-Werte für Hallenbäder waren in 13 Kantonen unterdurchschnittlich. Ein überdurchschnittliches Angebot an Eisfeldern hatten die Kantone Bern, Glarus, Graubünden, Wallis und Neuenburg, an Eishallen die Kantone Bern, Obwalden, Schaffhausen, Appenzell Ausser Rhoden, Graubünden, Thurgau, Wallis, Neuenburg und Jura. An Tennisplätzen im Freien erreichten neun Kantone, in Hallen zehn Kantone überdurchschnittliche Werte. Bei den weiteren Sonderanlagen war die grosse Streuung der Werte geblieben, wobei etwa die Hälfte der Kantone grössere Werte als der Schweizer Durchschnittswert hatten.

Von besonderem Interesse ist wiederum der Vergleich des Bestandes 1986 mit den Planungswerten. Die tiefste Limite für Spielwiesen und Rasensport hatten schon 16 Kantone erreicht. Das Angebot an Sporthallen hat in allen Kantonen weiter zugenommen. Hingegen ist die unbefriedigende Versorgungssituation mit Freibadanlagen praktisch unverändert geblieben. Die (tiefste) Limite für Freibadanlagen wurde nur in den Kantonen Glarus, Schaffhausen und Appenzell Ausser Rhoden erreicht, in den Kantonen Appenzell Inner Rhoden, Graubünden, Aargau und Thurgau angenähert. Massgeblich zugenommen hat die Zahl der Kantone mit ausreichendem Angebot an Tennisplätzen: Zu Graubünden aufgeschlossen haben die Kantone Zürich, Obwalden, Zug, Freiburg, Schaffhausen, Waadt, Wallis, Neuenburg und Genf.

### 3.225 Entwicklung des Bestandes in den Kantonen

Tabelle 3.2/7 zeigt die Entwicklung der kantonalen Bestände an Turn-, Spiel- und Sportflächen zwischen 1975 und 1986.

Im Vergleich mit der gesamtschweizerischen Zunahme von 20% war die Zunahme der Totalwerte in Schwyz, Graubünden und Wallis grösser als 30%, in Uri, Obwalden und Tessin sogar grösser als 40%. Auf der anderen Seite zeigten die Kantone Zürich, Appenzell Inner und Ausser Rhoden, Aargau und Thurgau eine massgeblich schwächere Zunahme, und Nidwalden hatte sogar einen leichten Rückgang des Gesamtwertes. Überaus stark war die Zunahme der Gesamtwerte im Kanton Uri. Diese ist vor allen auf die Zunahme der Anlagetypen Freianlagen, Sporthallen, Tennisfelder, Tennishallen und weitere Sonderanlagen zurückzuführen. In Obwalden war nur die Zunahme der Freianlagen, Sporthallen und Tennisfelder überdurchschnittlich. Im Tessin nahmen die Freianlagen, Sporthallen, Freibäder, Tennisfelder und -hallen sowie die weiteren Sonderanlagen stark zu.

| | FA | SH | FB | HB | EF | EH | TF | TH | WS | TOTAL |
|---|---|---|---|---|---|---|---|---|---|---|
| ZH | 10.3 | 23.9 | 3.2 | 11.3 | -6.9 | 103.7 | 34.5 | 418.6 | 7.5 | 13.3 |
| BE | 27.1 | 40.6 | 11.7 | 28.9 | 7.9 | 125.9 | 110.8 | 1045.8 | 25.8 | 29.8 |
| LU | 23.6 | 26.0 | -2.4 | 1.4 | -0.4 | -0.4 | 87.8 | 1403.7 | 11.1 | 23.1 |
| UR | 65.3 | 79.2 | 5.8 | 5.8 | -29.5 | | 182.1 | 2030.5 | 74.2 | 66.5 |
| SZ | 38.6 | 37.7 | -10.8 | 22.2 | -24.9 | | 46.0 | 73.5 | 23.1 | 30.5 |
| OW | 98.0 | 85.0 | 11.1 | -4.2 | -84.6 | | 47.4 | | -3.9 | 46.6 |
| NW | -8.0 | 11.6 | 19.8 | 11.7 | -100.0 | | 9.6 | | -7.3 | -1.2 |
| GL | 36.6 | 45.7 | -2.8 | 16.1 | 40.0 | | 89.0 | 162.6 | 8.9 | 24.6 |
| ZG | 9.1 | 6.3 | -14.4 | -12.8 | -81.7 | | 47.7 | 743.2 | -1.5 | 9.2 |
| FR | 21.3 | 59.9 | -3.2 | -3.2 | -61.3 | | 202.8 | 1805.0 | 21.1 | 27.9 |
| SO | 25.8 | 28.5 | 2.4 | 7.9 | 4.3 | 544.9 | 100.3 | 740.7 | -22.0 | 22.5 |
| BS | 26.4 | 16.3 | 12.0 | 9.2 | -0.4 | | 23.9 | 112.1 | 33.4 | 24.6 |
| BL | 22.5 | 18.7 | -1.8 | -1.7 | -15.8 | | 80.2 | 4003.7 | 5.4 | 22.9 |
| SH | 25.1 | 29.1 | 14.8 | 3.3 | -17.4 | 111.4 | 59.7 | | 4.2 | 24.1 |
| AR | 14.0 | 11.7 | 0.2 | 103.8 | -100.0 | 0.2 | 140.5 | 200.7 | 0.2 | 10.1 |
| AI | 32.1 | 54.0 | 2.8 | 2.8 | -100.0 | | | | -48.6 | 9.1 |
| SG | 19.8 | 38.1 | -5.8 | 19.8 | -42.4 | 260.0 | 112.3 | 406.1 | 7.9 | 20.2 |
| GR | 43.9 | 51.2 | 12.9 | 57.0 | 31.0 | 867.3 | 62.1 | 543.4 | 24.2 | 39.6 |
| AG | 13.0 | 21.5 | -9.5 | 4.3 | -4.7 | 59.9 | 172.1 | 1506.3 | -18.0 | 12.9 |
| TG | 14.2 | 29.1 | -3.5 | 35.4 | 0.2 | 136.0 | 53.6 | 419.7 | -7.9 | 12.9 |
| TI | 37.0 | 43.0 | 19.4 | 12.7 | 17.8 | | 151.9 | 503.3 | 68.4 | 41.7 |
| VD | 21.9 | 35.9 | 2.7 | 16.8 | -21.1 | 187.0 | 79.8 | 742.8 | 9.4 | 24.3 |
| VS | 36.9 | 54.0 | 19.6 | 17.7 | -11.0 | 490.1 | 132.8 | 609.1 | 13.3 | 36.6 |
| NE | 18.9 | 25.3 | 8.9 | 66.7 | 0.4 | 85.5 | 78.3 | 960.7 | 31.7 | 25.6 |
| GE | 9.6 | 41.7 | 25.4 | 27.3 | 80.5 | 11.8 | 176.9 | 173.9 | -23.0 | 25.5 |
| JU | 28.8 | 39.4 | -4.9 | 65.7 | -54.5 | 104.7 | 155.9 | | -7.3 | 25.0 |
| CH | 18.4 | 29.3 | 0.8 | 13.6 | -5.6 | 150.0 | 79.0 | 578.6 | 7.2 | 20.0 |

Abkürzungen siehe Tabelle 3.2/4
Leerfelder: In 1975 keine Anlage!

Tabelle 3.2/7
Entwicklung der Sportanlagen in den Kantonen zwischen 1975 - 1986
Pro-Kopf-Zunahme bezogen auf den Wert von 1975 in %

Für den Rückgang des Totalwertes im Kanton Nidwalden war vor allem die Flächenabnahme der Freianlagen, der Eisfelder und der weiteren Sonderanlagen verantwortlich. In den Kantonen Zürich und Thurgau war die Zunahme praktisch bei allen Anlagetypen unterdurchschnittlich. Das gleiche gilt für Appenzell Ausser Rhoden und Aargau mit Ausnahme der Hallenbäder bzw. Tennisfelder und -hallen. Appenzell Inner Rhoden verzeichnete zwar eine überdurchschnittliche Zunahme bei den Freianlagen und Sporthallen, zugleich aber eine Abnahme bei den Eisfeldern und den weiteren Sonderanlagen.

Wenn man die einzelnen Anlagetypen betrachtet, so ist festzuhalten, dass die Freianlagen vor allen in den Kantonen Uri, Obwalden und Graubünden, die Sporthallen in Uri, Obwalden, Freiburg, Appenzell Inner Rhoden, Graubünden und Wallis, die Freibäder in Tessin und Genf, die Hallenbäder in Appenzell Ausser Rhoden, Graubünden, Neuenburg und Jura und die Eishallen in den Kantonen Solothurn, Graubünden und Wallis stark zugenommen haben. Die Fläche der Eisfelder im Freien hat mit Ausnahme der Kantone Genf, Graubünden und Tessin praktisch in allen Kantonen abgenommen. Bei den Tennisanlagen im Freien oder in Hallen verzeichneten insbesondere die Kantone Freiburg, Solothurn, Graubünden und Wallis eine grosse Zunahme. Bei den übrigen Sonderanlagen hatten Uri und Tessin grosse Zunahmen.

Tabelle 3.2/8 zeigt schliesslich die Anteile der Turn-, Spiel- und Sportflächen am Baugebiet der einzelnen Kantone. 1975 verfügten 13, 1986 12 Kantone über Anteile höher als der schweizerische Durchschnittwert, wobei 1986 zwei Kantone fehlten bzw. ein neuer Kanton hingekommen ist. 1975 belegten die Kantone Jura, Basel Stadt, Zürich, Schaffhausen, Neuenburg und Zug die Spitzenpositionen, 1986 waren Basel Stadt, Zug, Jura, Luzern und Zürich vorne. 1975 bewegten sich die kantonalen Anteile zwischen 0.66 und 1.99 %, im Jahre 1986 zwischen 0.84 und 2.19 %. Vorsichtig ausgedrückt, dürfte der Anteil der Turn-, Spiel- und Sportflächen am Baugebiet vor allem in den Stadtkantonen, bzw. in verstädterten Kantonen gross sein[1]. In den Kantonen Zürich, Bern, Schwyz, Zug, Freiburg, Basel Landschaft, St. Gallen, Graubünden, Thurgau, Wallis und Neuenburg (wie in der Schweiz insgesamt) nahmen diese Anteile schwach, in den Kantonen Nidwalden, Schaffhausen, Waadt und Jura mässig und im Kanton Appenzell Inner Rhoden stark ab. Die Kantone Luzern, Solo-

---

[1] Ein Grund dafür könnte darin liegen, dass in diesen Kantonen die Baufläche pro Kopf viel kleiner ist als in den "ländlichen" Kantonen.

thurn, Appenzell Ausser Rhoden, Aargau und Genf verzeichneten eine geringe, Glarus, Basel Stadt und Tessin eine mässige und die Kantone Uri und Obwalden eine starke Zunahme. Eine Abnahme des Anteils des Turn-, Spiel- und Sportflächen an der Baugebietsfläche bedeutet, dass die Ausdehnung der Bauflächen grösser war als jene der Turn-, Spiel- und Sportflächen. Im Falle der Zunahmen war dieses Verhältnis umgekehrt.

|      | FFZ  | pKZ  | FF/B75 | FF/B86 | (FF/B)Z |
|------|------|------|--------|--------|---------|
| ZH   | 13.0 | 13.3 | 1.80   | 1.64   | -8.6    |
| BE   | 18.9 | 29.8 | 1.48   | 1.40   | -5.1    |
| LU   | 23.6 | 23.1 | 1.55   | 1.65   | 6.1     |
| UR   | 57.4 | 66.5 | 0.66   | 0.98   | 49.1    |
| SZ   | 38.5 | 30.5 | 1.09   | 1.03   | -4.9    |
| OW   | 53.1 | 46.6 | 0.75   | 1.21   | 61.2    |
| NW   | 6.6  | -1.2 | 1.58   | 1.38   | -13.0   |
| GL   | 18.7 | 24.6 | 1.46   | 1.68   | 15.0    |
| ZG   | 19.6 | 9.2  | 1.71   | 1.71   | -0.4    |
| FR   | 32.1 | 27.9 | 1.40   | 1.32   | -5.5    |
| SO   | 17.5 | 22.5 | 1.53   | 1.59   | 4.5     |
| BS   | 11.2 | 24.6 | 1.92   | 2.19   | 14.1    |
| BL   | 25.1 | 22.9 | 1.60   | 1.51   | -5.5    |
| SH   | 20.1 | 24.1 | 1.77   | 1.57   | -11.1   |
| AR   | 9.9  | 10.1 | 1.29   | 1.37   | 5.5     |
| AI   | 6.1  | 9.1  | 1.32   | 0.84   | -36.4   |
| SG   | 22.8 | 20.2 | 1.46   | 1.33   | -9.0    |
| GR   | 35.3 | 39.6 | 1.26   | 1.18   | -6.3    |
| AG   | 18.4 | 12.9 | 1.29   | 1.31   | 1.9     |
| TG   | 12.6 | 12.9 | 1.28   | 1.16   | -9.4    |
| TI   | 48.0 | 41.7 | 1.02   | 1.15   | 13.3    |
| VD   | 29.2 | 24.3 | 1.43   | 1.22   | -14.7   |
| VS   | 46.7 | 36.6 | 1.25   | 1.21   | -3.0    |
| NE   | 17.7 | 25.6 | 1.73   | 1.57   | -9.1    |
| GE   | 39.1 | 25.5 | 1.36   | 1.41   | 3.7     |
| JU   | 22.2 | 25.0 | 1.99   | 1.70   | -14.5   |
| CH   | 23.1 | 20.0 | 1.45   | 1.39   | -3.9    |

FFZ = Zunahme Anlageflächen in %
pKZ = Zunahme der Pro-Kopf-Quoten in %
FF/B75 = Anteil der Anlageflächen an der Baulandfläche 1975
FF/B86 = Anteil der Anlageflächen an der Baulandfläche 1986
(FF/B)Z = Entwicklung FF/B zwischen 1975-1986

Tabelle 3.2/8
Änderung der Flächenanteile der Anlagen zwischen 1975 - 1986 in %

Betrachten wir die Zunahmen der Anlageflächen und der Pro-Kopf-Werte in Abbildung 3.2/2 für sich , so können weitere kantonale Gruppierungen unterschieden werden. Die Kantone Uri, Obwalden, Tessin und Wallis , d.h. durchaus Gebirgskantone, zeigten z.B. relativ grosse Zunahmen. Auf der anderen Seite waren die Zunahmen in den Kantonen Zürich, Nidwalden, Zug, Appenzell Inner und Ausser Rhoden, Aargau und Thurgau bei beiden Bezugsgrössen deutlich unterdurchschnittlich. In Nidwalden hat die Kopfquote sogar abgenommen.

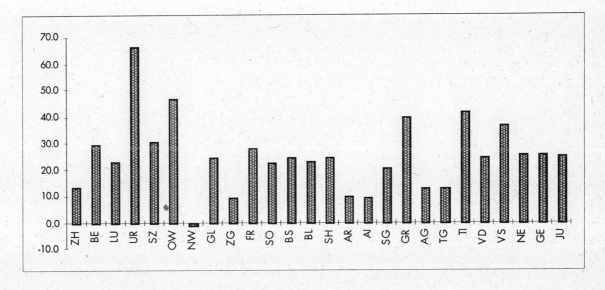

Abb. 3.2/2
Änderung der kantonalen Pro-Kopf-Quoten für Anlageflächen zwischen 1975 und 1986 in %

## 3.23  Regionale Übersichten

### 3.231  Beanpruchte Flächen 1975 in den CK-73 - Regionen

Die regionale Auswertung der Ergebnisse der Erhebungen aus dem Jahre 1975 erfolgte auf der Basis der Regionenbildung im CK-73, d.h. des Leitbildes der Raumplanung gemäss Chefbeamtenkonferenz 1973. Aus den 100 Regionen des Leitbildes wurden nach siedlungsstrukturellen Gesichtspunkten zwei grosstädtische, drei mittelstädtische, zwei multizentrale ("verstädterte"), drei kleinstädtische und fünf ländliche Regionen ausgewählt, wobei durch 3 Regionstypen auch touristische Regionen vertreten waren.

Die Ergebnisse der regionenbezogenen Auswertungen finden sich in Tabelle 3.2/9. Der erste Eindruck ist eher verwirrend: Es ist jedenfalls keine deutliche Differenzierung erkennbar.

| Region | FA | SH | FB | HB | EF+H | TF+H | WS | Total |
|---|---|---|---|---|---|---|---|---|
| *Grossstadtregionen* | | | | | | | | |
| Zürich | 3.14 | 0.27 | 0.47 | 0.03 | 0.04 | 0.45 | 0.20 | 4.60 |
| Lausanne | 2.66 | 0.54 | 0.41 | 0.02 | 0.02 | 0.13 | 0.29 | 4.06 |
| *Mittelstädtische Regionen* | | | | | | | | |
| Luzern*) | 3.05 | 0.34 | 0.40 | 0.02 | 0.02 | 0.17 | 0.32 | 4.32 |
| Fribourg | 4.64 | 0.38 | 0.34 | 0.04 | 0.02 | 0.24 | 0.68 | 6.33 |
| Lugano*) | 6.49 | 0.23 | 1.07 | 0.03 | 0.02 | 0.12 | 0.31 | 8.26 |
| *Verstädterte Regionen* | | | | | | | | |
| Aarau | 3.74 | 0.42 | 0.92 | 0.02 | 0.05 | 0.14 | 0.38 | 5.67 |
| Laufen (Basel Süd) | 4.49 | 0.52 | 0.54 | 0.03 | 0.07 | 0.16 | 0.41 | 6.21 |
| *Kleinstädtische Regionen* | | | | | | | | |
| Burgdorf | 2.61 | 0.33 | 0.64 | 0.05 | 0.10 | 0.31 | 0.00 | 4.04 |
| Wil | 5.08 | 0.27 | 1.10 | 0.01 | 0.12 | 0.18 | 0.14 | 6.89 |
| Berner Oberland Ost*) | 2.48 | 0.38 | 0.91 | 0.07 | 0.34 | 0.11 | 0.62 | 4.90 |
| *Ländliche Regionen* | | | | | | | | |
| Schwarzwasser | 3.29 | 0.21 | 0.21 | 0.00 | 0.12 | 0.00 | 0.35 | 4.17 |
| Buchs-Sargans | 2.98 | 0.21 | 0.24 | 0.03 | 0.06 | 0.02 | 0.30 | 3.86 |
| Martigny*) | 2.59 | 0.22 | 0.34 | 0.02 | 0.43 | 0.07 | 0.70 | 4.37 |
| Obersimmental-Saanen*) | 2.54 | 0.95 | 2.33 | 0.09 | 0.54 | 0.41 | 1.41 | 8.27 |
| Toggenburg*) | 2.68 | 0.66 | 0.93 | 0.02 | 0.03 | 0.27 | 0.75 | 5.34 |

Legende siehe Tabelle 3.2/4

*) mit Tourismus

Tabelle 3.2/9

Turn- und Sportanlagen in ausgewählten Regionen um 1975: Flächen in m2

Bei den Totalwerten dürften eher die verstädterten Regionen und die Fremdenverkehrsregionen vorne stehen. In jedem Regionstyp finden wir jedoch sowohl tiefe als auch hohe Werte.

### 3.232 Kommentar zum Bestand in den CK-73 - Regionen

Generell darf festgehalten werden, dass die Gliederung nach siedlungsstrukturellen Gesichtspunkten keine ausgeprägte Differenzierung der Einwohnerwerte für Turn-, Spiel- und Sportanlagen ergeben hat. Dennoch kann man einzelne Tendenzen erkennen. Das Angebot an Turn-, Sport- und Mehrzweckhallen war in städtischen und touristischen Regionen grösser als in ländlichen Regionen. Das gleiche gilt auch für die Hallenbäder. Bei den Tennisanlagen waren wiederum die nicht touristischen ländlichen Gebiete benachteiligt. Im Grunde sind diese Unterschiede durchaus plausibel.

Funktional betrachtet ist zunächst das unterdurchschnittliche Gesamtangebot der Grossstadtregion Lausanne und der Mittelstadtregion Luzern sowie der nicht touristischen ländlichen Regionen auffallend. Ebenso deutlich zeigt sich die Unterversorgung der nicht touristischen ländlichen Gebiete und der kleinstädtischen Regionen mit Freibadanlagen und mit Hallenbädern bzw. mit Tennisplätzen.

### 3.233 Beanspruchte Flächen 1975 und 1986 in Bezirken

Für die folgende Zusammenstellung bildeten die im Bericht 1986 aufgeführten Bezirke den Bezugsrahmen. Berücksichtigt wurden wiederum zwei grosstädtische, drei mittelstädtische, zwei multizentrale, drei kleinstädtische und 5 ländliche Bezirke. Zu den ausgewählten Anlagetypen zählten Rasenfussballfelder (FBF), Allwetterplätze (AWP), Rundbahnen (ARB), Turn- und Sporthallen (TSH), Badanlagen im Freien (FBA) und in Hallen (HBA), Natur- und Eisbahnen sowie Curlinganlagen (RBC), Tennisfelder und Squash-Courts (STA) sowie Finnenbahnen, Geländelaufbahnen und Fitnessparcours (ASA). Bei den Eisflächen und Tennisfeldern sind sowohl die im Freien als auch jene in Hallen erfasst.

Ein Vergleich mit den ermittelten Werten in den CK-73 - Regionen aus dem Jahre 1975 ist wegen der unterschiedlichen Bezugsräume nur schwer möglich. Tabelle 3.2/10 zeigt die Pro-Kopf-Quoten der relevanten Anlagetypen in den ausgewählten Bezirken im Jahre 1975, Tabelle 3.2/11 jene von 1986. Wie schon bei den CK-73 - Regionen, ist auch bei den Bezirken eine klare Strukturierung aus siedlungsstruktureller Sicht nicht erkennbar.

Auffallend ist der grosse Anteil der Fussballplätze in topograhisch eher günstigen Mittellandregionen. Nicht erklärbar sind die hohen Werte für

Trockenplätze in den Bezirken Wil, Oberhasli, Obersimmental-Saanen. Im weiteren fällt noch auf, dass Obersimmental-Saanen und Obertoggenburg für Bade-, Eislauf-, Tennis- und andere Sonderanlagen höchste Werte aufwiesen. Der Bestand aus dem Jahre 1986 - siehe Tabelle 3.2/11 - unterscheidet sich nicht wesentlich vom vorhin beschriebenen.

| Region | FBF | AWP | ARB | NSH | FBA | HBA | EBC | STA | ASA |
|---|---|---|---|---|---|---|---|---|---|
| *Grossstadtregionen* | | | | | | | | | |
| Zürich | 1.25 | 0.33 | 0.11 | 0.16 | 0.17 | 0.01 | 0.03 | 0.40 | 0.26 |
| Lausanne | 1.16 | 0.40 | 0.08 | 0.13 | 0.16 | 0.01 | 0.04 | 0.17 | 0.24 |
| *Mittelstädtische Regionen* | | | | | | | | | |
| Luzern*) | 1.07 | 0.37 | 0.09 | 0.17 | 0.30 | 0.02 | 0.04 | 0.22 | 0.29 |
| La Sarine (Fribourg) | 2.20 | 0.51 | 0.05 | 0.17 | 0.05 | 0.02 | 0.03 | 0.28 | 0.62 |
| Lugano*) | 1.51 | 0.35 | 0.03 | 0.12 | 0.03 | 0.01 | 0.02 | 0.19 | 0.42 |
| *Verstädterte Regionen* | | | | | | | | | |
| Aarau | 2.57 | 0.59 | 0.05 | 0.20 | 0.05 | 0.02 | 0.03 | 0.32 | 0.72 |
| Arlesheim | 0.85 | 0.34 | 0.12 | 0.20 | 0.15 | 0.01 | 0.00 | 0.24 | 0.29 |
| *Kleinstädtische Regionen* | | | | | | | | | |
| Burgdorf | 0.68 | 0.57 | 0.08 | 0.21 | 0.30 | 0.01 | 0.13 | 0.05 | 0.25 |
| Wil | 1.11 | 0.94 | 0.13 | 0.35 | 0.49 | 0.01 | 0.21 | 0.08 | 0.41 |
| Oberhasli (Meiringen) | 0.00 | 0.92 | 0.00 | 0.18 | 0.40 | 0.03 | 0.00 | 0.17 | 0.67 |
| *Ländliche Regionen* | | | | | | | | | |
| Schwarzenburg | 2.57 | 0.59 | 0.05 | 0.20 | 0.05 | 0.02 | 0.03 | 0.32 | 0.72 |
| Sargans | 0.98 | 0.41 | 0.00 | 0.23 | 0.28 | 0.02 | 0.12 | 0.05 | 0.36 |
| Martigny*) | 1.93 | 0.10 | 0.13 | 0.15 | 0.12 | 0.02 | 0.21 | 0.00 | 0.42 |
| Obersimmental-Saanen*) | 0.00 | 1.54 | 0.00 | 0.16 | 1.07 | 0.03 | 0.68 | 0.51 | 1.44 |
| Toggenburg*) | 0.70 | 0.21 | 0.00 | 0.17 | 0.99 | 0.04 | 0.23 | 0.70 | 1.82 |

| | |
|---|---|
| FBF = Rasenfussballfelder | HBA = Hallenbäder |
| AWP = Allwetterplätze | EBC = Natur- und Kunsteisbahnen |
| ARP = Rundbahnen | STA = Tennisfelder und Squash-Courts |
| NSH = Turn- und Sporthallen | ASA = Andere Sonderanlagen |
| FBA = Fluss-, See-, Freibäder | *) mit Tourismus |

Tabelle 3.2/10
Turn-, Spiel- und Sportanlagen in ausgewählten Bezirken um 1975: Flächen in m2 pro Einwohner

Interessantere Informationen sind in Tabelle 3.2/12 enthalten, welche die Entwicklung der Pro-Kopf-Werte in den Bezirken zwischen 1975 und 1986 zeigt.

| Region | FBF | AWP | ARB | NSH | FBA | HBA | EBC | STA | ASA |
|---|---|---|---|---|---|---|---|---|---|
| *Grossstadtregionen* | | | | | | | | | |
| Zürich | 1.31 | 0.42 | 0.12 | 0.18 | 0.19 | 0.02 | 0.03 | 0.59 | 0.31 |
| Lausanne | 1.01 | 0.53 | 0.12 | 0.15 | 0.16 | 0.01 | 0.05 | 0.48 | 0.33 |
| *Mittelstädtische Regionen* | | | | | | | | | |
| Luzern*) | 1.29 | 0.50 | 0.13 | 0.20 | 0.32 | 0.02 | 0.04 | 0.46 | 0.39 |
| La Sarine (Fribourg) | 2.68 | 0.52 | 0.14 | 0.21 | 0.04 | 0.02 | 0.03 | 0.59 | 0.74 |
| Lugano*) | 1.71 | 0.33 | 0.09 | 0.13 | 0.03 | 0.01 | 0.02 | 0.38 | 0.47 |
| *Verstädterte Regionen* | | | | | | | | | |
| Aarau | 3.21 | 0.62 | 0.16 | 0.25 | 0.05 | 0.02 | 0.03 | 0.71 | 0.89 |
| Arlesheim | 0.94 | 0.44 | 0.16 | 0.21 | 0.14 | 0.01 | 0.00 | 0.55 | 0.38 |
| *Kleinstädtische Regionen* | | | | | | | | | |
| Burgdorf | 1.04 | 0.56 | 0.07 | 0.28 | 0.29 | 0.01 | 0.15 | 0.24 | 0.25 |
| Wil | 1.57 | 0.85 | 0.11 | 0.42 | 0.44 | 0.01 | 0.22 | 0.35 | 0.37 |
| Oberhasli*) (Meiringen) | 0.00 | 1.46 | 0.00 | 0.23 | 0.41 | 0.03 | 0.00 | 0.61 | 0.69 |
| *Ländliche Regionen* | | | | | | | | | |
| Schwarzenburg | 3.21 | 0.62 | 0.16 | 0.25 | 0.05 | 0.02 | 0.03 | 0.71 | 0.89 |
| Sargans | 1.45 | 0.49 | 0.10 | 0.27 | 0.10 | 0.02 | 0.06 | 0.07 | 0.51 |
| Martigny*) | 2.46 | 0.23 | 0.11 | 0.20 | 0.41 | 0.02 | 0.22 | 0.07 | 0.38 |
| Obersimmental-Saanen*) | 0.27 | 1.95 | 0.00 | 0.25 | 0.82 | 0.07 | 0.70 | 1.07 | 1.73 |
| Obertoggenburg*) | 0.74 | 0.37 | 0.00 | 0.24 | 0.76 | 0.04 | 0.24 | 0.98 | 0.96 |

Legende siehe Tabelle 3.2/10

Tabelle 3.2/11
Turn-, Spiel- und Sportanlagen in ausgewählten Bezirken um 1986: Flächen in m2 pro Eiwohner

| Region | FBF | AWP | ARB | NSH | FBA | HBA | EBC | STA | ASA |
|---|---|---|---|---|---|---|---|---|---|
| *Grossstadtregionen* | | | | | | | | | |
| Zürich | 4.8 | 26.4 | 6.7 | 13.8 | 13.3 | 39.8 | -13.4 | 46.0 | 23.2 |
| Lausanne | -12.4 | 30.2 | 43.1 | 16.5 | 2.2 | -7.1 | 40.0 | 187.8 | 36.3 |
| *Mittelstädtische Regionen* | | | | | | | | | |
| Luzern*) | 21.4 | 37.1 | 47.2 | 16.2 | 5.2 | -8.4 | -1.8 | 107.3 | 35.0 |
| La Sarine/Fribourg | 21.5 | 2.3 | 187.0 | 24.4 | -4.3 | -4.3 | -4.3 | 113.6 | 19.6 |
| Lugano*) | 13.1 | -4.7 | 167.2 | 15.8 | -10.9 | -10.9 | -10.9 | 98.9 | 11.3 |
| *Verstädterte Regionen* | | | | | | | | | |
| Aarau | 24.9 | 5.2 | 195.1 | 27.9 | -1.6 | -1.6 | -1.6 | 119.6 | 22.9 |
| Arlesheim | 11.1 | 29.7 | 31.2 | 4.0 | -6.3 | -6.3 | 0.0 | 126.4 | 33.9 |
| *Kleinstädtische Regionen* | | | | | | | | | |
| Burgdorf | 54.1 | -2.0 | -2.0 | 29.7 | -2.0 | -2.0 | 13.6 | 390.2 | -2.0 |
| Wil | 41.4 | -10.0 | -10.0 | 19.0 | -10.0 | -10.0 | 4.3 | 350.1 | -10.0 |
| Oberhasli*) (Meiringen) | 0.0 | 59.2 | 0.0 | 22.8 | 2.4 | 2.4 | 0.0 | 258.3 | 2.4 |
| *Ländliche Regionen* | | | | | | | | | |
| Schwarzenburg | 24.9 | 5.2 | 195.1 | 27.9 | -1.6 | -1.6 | -1.6 | 119.6 | 22.9 |
| Sargans | 48.4 | 19.6 | | 19.1 | -64.2 | -5.6 | -52.8 | 41.7 | 41.7 |
| Martigny*) | 27.8 | 142.5 | -9.8 | 31.9 | 228.5 | -9.8 | 4.6 | | -9.8 |
| Obersimental-Saanen*) | | 26.8 | 0.0 | 55.7 | -23.3 | 139.5 | 4.2 | 110.9 | 19.8 |
| Obertoggenburg*) | 5.6 | 76.1 | 0.0 | 35.8 | -23.4 | 5.6 | 5.6 | 40.9 | -47.2 |

Legende siehe Tabelle 3.2/10                    Leere Felder: 1975 keine Anlage

Tabelle 3.2/12
Entwicklung der Anlageflächen in den Bezirken zwischen 1975 - 1986: Änderungen der Pro-Kopf-Werte in %

Bei der Betrachtung dieser Tabelle fällt auf, dass der Anlagetyp Tennisplätze / Squash-Courts die grössten Zunahmen verzeichnete und zwar in allen siedlungsstrukturellen Bezirkstypen. Als am zweitstärksten wachsender Anlagetyp erwies sich die Rundbahn. Eine leichte Abnahme zeigen häufig die Pro-Kopf-Werte der Anlagetypen Freibad, Hallenbad und Eisflächen. Erklärbar sind diese Abnahmen mit der Zunahme der Einwohnerzahlen bei stagnierenden Angeboten.

### 3.234 Kommentar zum Bestand in den Bezirken

Wie schon bei den Bestandesanalysen der CK-73 - Regionen aus dem Jahre 1975 erwies sich die siedlungsstrukturelle Gliederung für die Interpretation der Ergebnisse auch bei den Bestandesanalysen der Bezirke aus den Jahren 1975 und 1986 als wenig relevant. Es scheint, dass für die Grösse des Angebots an Spiel-, Turn- und Sportanlagen dieser Einflussfaktor keine grosse Rolle spielt. Zu den wirksameren Einflussgrössen dürften ohne Zweifel die topographischen Bedingungen und die touristische Bedeutung einer Region zählen. Tendenziell ist jedenfalls nachweisbar, dass in Regionen des Mittellandes und in den breiten Bergtälern das Angebot an Fussballfeldern grösser ist als in topographisch benachteiligten Gegenden. Das Angebot an Tennisplätzen und anderen Sonderanlagen scheint in touristischen Regionen hingegen grösser zu sein als in den anderen.

## 3.24 Kommunale Übersichten 1975

Es wurden 33 Gemeinden in die Auswertung einbezogen. Davon sind 3 grossstädtisch, 5 mittelstädtisch, 3 Kleinstädte in verdichteten, multizentrischen Siedlungsrämen, 4 isolierte Kleinstädte, 5 grössere ländliche Gemeinden und 13 kleinere bis mittlere ländliche Gemeinden. Unter den mittelstädtischen Gemeinden vertraten Lugano, unter den Kleinstädten Davos und unter den ländlichen Gemeinden Brig, St. Moritz und Zermatt die touristisch bedeutsamen Orte.

Wie schon erwähnt, konnten in die Auswertung nur die Ergebnisse der Erhebung 1975 einbezogen werden.

### 3.241 Beanspruchte Flächen

Tabelle 3.2/13 zeigt den Bestand an Spiel-, Turn- und Sportanlagen in den ausgewählten städtischen und ländlichen Gemeinden um 1975.
Generell ist wiederum die weitgehend ähnliche Datenstruktur der Gemeindegruppen erwähnenswert: Ob Grossstadt, Kleinstadt oder ländliche Gemeinde, in jeder Gruppe findet man Gemeinden mit hohen und mit tiefen Pro-Kopf-Werten. Im Vergleich mit kantonalen und regionalen Auswertungen fällt auf, dass die ermittelten Minima und Maxima absolut betrachtet wesentlich kleiner bzw. grösser sind. Auch diese breitere Streuung ist logisch, da die kantonalen und regionalen Auswertungen aus aggregierten Werten resultierten.

Bei den Totalwerten wiesen die Gemeinden Weinfelden, Le Lieu (VD) und Salgesch (VS) maximale, Basel, Kradorf (TG) und Lodrino (TI) minimale Pro-Kopf-Werte auf. Die drei letzgenannten hatten praktisch bei allen Anlagekategorien Tiefstwerte. In Weinfelden war das Angebot an einzelnen Anlagen relativ ausgeglichen, Le Lieu besass nur Freianlagen, Sporthallen und Freibad, Salgesch nur Freianlagen und weitere Sonderanlagen über dem Mittelwert.

Funktional betrachtet erfüllten städtische Gemeinden wie Basel, Lausanne, Luzern, St. Gallen, Bellinzona die tiefsten Limiten nicht. In touristisch wichtigen Gemeinden (Brig, St. Moritz, Zermatt) war das Angebot an einzelnen Anlagen unterschiedlich. Zermatt verfügte über ein sehr grosses Angebot an Eisfeldern und Tennisplätzen, St. Moritz und Davos hatten die besten multifunktionalen Angebote, in Brig war das Angebot an Freibadanlagen am grössten. Bei allen diesen Angaben ist zu bedenken, dass bei der Bestimmung der Pro-Kopf-Werte auch in den touristischen Gemeinden nur die einheimische Bevölkerung berücksichtigt wurde.

| Gemeinde | FA | SH | FB | HB | EF+H | TF+H | WSA | Total |
|---|---|---|---|---|---|---|---|---|
| *Grossstädte* | | | | | | | | |
| Basel | 1.38 | 0.14 | 0.22 | 0.01 | 0.03 | 0.14 | 0.03 | 1.94 |
| Zürich | 3.27 | 0.24 | 0.34 | 0.02 | 0.03 | 0.47 | 0.14 | 4.52 |
| Lausanne | 2.24 | 0.11 | 0.25 | 0.01 | 0.04 | 0.18 | 0.18 | 3.01 |
| *Mittelstädte* | | | | | | | | |
| Luzern*) | 2.03 | 0.29 | 0.14 | 0.01 | 0.05 | 0.20 | 0.00 | 2.74 |
| Fribourg | 4.26 | 0.35 | 0.31 | 0.06 | 0.04 | 0.22 | 0.40 | 5.64 |
| Chur | 2.82 | 0.35 | 0.68 | 0.03 | 0.11 | 0.32 | 0.24 | 4.56 |
| Lugano*) | 3.68 | 0.10 | 0.47 | 0.00 | 0.00 | 0.32 | 0.00 | 4.57 |
| St. Gallen | 2.00 | 0.16 | 0.49 | 0.01 | 0.02 | 0.15 | 0.05 | 2.88 |
| *Kleinstädte im polyzentrischen Raum* | | | | | | | | |
| Aarau | 3.39 | 0.53 | 0.71 | 0.03 | 0.00 | 0.20 | 0.08 | 4.94 |
| Solothurn | 4.68 | 0.27 | 1.24 | 0.03 | 0.00 | 0.30 | 0.00 | 6.52 |
| Baden | 5.85 | 0.33 | 1.54 | 0.04 | 0.00 | 0.38 | 0.00 | 8.14 |
| *Isolierte Kleinstädte* | | | | | | | | |
| Zug | 7.69 | 0.33 | 0.35 | 0.03 | 0.19 | 0.67 | 0.09 | 9.36 |
| Bellinzona | 1.51 | 0.05 | 0.65 | 0.00 | 0.00 | 0.00 | 0.00 | 2.21 |
| Nyon | 2.87 | 0.09 | 0.97 | 0.00 | 0.00 | 0.45 | 0.00 | 4.39 |
| Davos*) | 4.92 | 0.25 | 0.41 | 0.06 | 0.51 | 0.32 | 0.00 | 6.47 |
| *Grössere ländliche Gemeinden* | | | | | | | | |
| Sissach | 4.80 | 0.51 | 2.37 | 0.00 | 0.37 | 0.00 | 1.08 | 9.13 |
| Brig*) | 2.04 | 0.69 | 3.43 | 0.06 | 0.09 | 0.49 | 0.00 | 6.82 |
| Weinfelden | 7.73 | 0.24 | 1.67 | 0.01 | 0.31 | 0.31 | 0.60 | 10.88 |
| Balsthal | 1.35 | 0.74 | 2.07 | 0.07 | 0.00 | 0.60 | 0.93 | 5.77 |
| St. Moritz*) | 4.52 | 0.44 | 0.37 | 0.10 | 1.01 | 0.50 | 0.52 | 7.46 |
| *Kleinere ländliche Gemeinden* | | | | | | | | |
| Henggart ZH | 7.59 | 0.29 | 0.00 | 0.00 | 0.00 | 0.00 | 0.00 | 7.87 |
| Beromünster | 6.13 | 0.43 | 0.79 | 0.08 | 0.00 | 0.00 | 0.85 | 8.27 |
| Biel-Benken BL | 2.81 | 0.21 | 0.00 | 0.00 | 0.00 | 0.00 | 0.00 | 3.02 |
| Le Lieu VD | 6.28 | 3.88 | 1.08 | 0.00 | 0.00 | 0.00 | 0.00 | 11.25 |
| Lupsingen BL | 6.10 | 0.43 | 0.00 | 0.00 | 0.00 | 0.00 | 0.00 | 6.53 |
| Boniswil AG | 2.67 | 0.20 | 0.00 | 0.00 | 0.00 | 0.00 | 0.00 | 2.87 |
| Lostorf SO | 2.57 | 0.10 | 0.00 | 0.14 | 0.00 | 0.00 | 4.63 | 7.43 |
| Avenches | 4.39 | 0.30 | 0.84 | 0.13 | 0.00 | 0.56 | 0.00 | 6.22 |
| Bonaduz | 5.37 | 0.06 | 0.00 | 0.00 | 1.28 | 0.00 | 0.00 | 6.71 |
| Zermatt*) | 0.48 | 0.09 | 0.32 | 0.00 | 1.14 | 1.91 | 1.67 | 5.61 |
| Salgesch VS | 5.86 | 0.15 | 0.00 | 0.00 | 0.00 | 0.00 | 4.31 | 10.31 |
| Kradolf TG | 1.39 | 0.27 | 0.00 | 0.00 | 0.00 | 0.00 | 0.00 | 1.66 |
| Lodrino TI | 1.02 | 0.24 | 0.00 | 0.00 | 0.00 | 0.00 | 0.00 | 1.26 |

Für Abkürzungen siehe Tab. 3.2/4

Tabelle 3.2/13
Spiel-, Turn- und Sportanlagen in ausgewählten Gemeinden um 1975: Flächen in m2 pro Einwohner

### 3.242 Kommentar

Bezogen auf die Totalfläche an Spiel-, Turn- und Sportanlagen dürften die Gemeinden zwischen 5000 und 20000 Einwohnern noch am besten versorgt sein. Beachtenswert sind jene Gemeinden, die Freianlagen über 6 m2 pro Einwohner anboten und damit alle diesbezüglichen Normen erfüllten. Auf der anderen Seite gab es viele grossstädtische, städtische und ländliche Gemeinden, die weniger als 2 m2 pro Einwohner besassen. Interessanterweise erwies sich die Versorgung der ausgewählten Gemeinden mit Turn-, Sport- und Mehrzweckhallen als befriedigend. Bezüglich Freibadangebot waren viele kleine Gemeinden untätig, was durchaus verständlich erscheint. Eine ähnliche Situation ist bei den Hallenbädern, Kunsteisbahnen aber auch bei den Sondersportanlagen, zu beobachten. Alle diese Anlagetypen können jedoch regional angeboten werden.

Die Grossstädte, Mittelstädte und kleine ländliche Gemeinden sind relativ schlechter versorgt als die Kleinstädte und grössere ländliche Gemeinden. Touristengemeinden haben in der Regel ein grösseres Angebot, speziell an Hallen (Sport- und Mehrzweckhallen, Hallenbad, Kunsteisbahn) und Sondersportanlagen (speziell Tennisplätzen) als die touristisch nicht attraktiven ländlichen Gemeinden.

Generell kann indessen gesagt werden, dass es die siedlungsstrukturelle Zugehörigkeit einer Gemeinde nicht erlaubt, auf ihren Versorgungszustand mit Spiel-, Turn- und Sportanlagen zu schliessen.

### 3.25  Zusammenfassung und Folgerungen

Die gesamtschweizerische Mindestfläche an Turn-, Spiel- und Sportanlagen betrug 1975 mindestens 2787 ha, 1986 mindestens 3431 ha. Das entspricht 1.45% bzw. 1.39 % der besiedelten Gebiete. Pro Einwohner standen 1975 rund 4.4 m2, 1986 rund 5.2 m2 zur Verfügung.
In der Annahme einer gleichbleibenden Trendentwicklung dürfte der Mindestbestand an Turn-, Spiel- und Sportanlagen zur Zeit (1995) etwa die Grösse von 4090 ha erreicht haben. Unterstellen wir zudem, dass die Grösse des besiedelten Gebietes in der Schweiz jedes Jahr weiterhin um 50 km2 zunimmt[1], so dürfte der Anteil der Turn-, Spiel- und Sportanlagen an der besiedelten Fläche 1995 mindestens etwa 1.35% betragen. Pro Einwohner (~ 7 Mio) dürfen wir daher mit etwa 5.8 m2 Fläche rechnen.

Die Schätzungen bestätigen, dass selbst bei einer gleichbleibenden Jahreszunahme der Flächen für Turn-, Spiel und Sport, die relativen Anteile

---

[1] Siehe Fussnote 1 auf Seite 60.

dieser Flächen bezogen auf die überbauten Gebiete immer kleiner werden. Das bedeutet, dass die Baugebiete insgesamt schneller wachsen als die Anlagen für Freizeit und Erholung. Die Erklärung für diese Entwicklung liegt in der stetigen Abnahme der Haushaltgrössen einerseits und in der stockenden Rotation der Wohnungen zwischen den Generationen andererseits[1]. Als Ergebnis dieser Vorgänge wächst der spezifische Flächenbedarf für das Wohnen in der Schweiz stetig, während der spezifische Flächenbedarf für Freizeit und Erholung als stabil bleibend angenommen wird.

Der Verbrauch von 4009 ha Landesfläche für Turn-, Spiel- und Sportanlagen stellt allerdings weder absolut noch relativ gesehen einen zu grossen Flächenverlust aus gesamtschweizerischer Sicht dar. Selbst wenn nur die überbauten Gebiete als Bezugsgrösse dienen, kann ein Anteil von 1.35 % verkraftet werden. Es ist allerdings zu bemerken, dass die ermittelten Werte Minimalwerte sind: In Wirklichkeit könnten sie bis zu 100% grösser sein. Das würde bedeuten, das wir für Turn-, Spiel- und Sportanlagen in der Schweiz etwa 8000 ha verbrauchen, was schon 2.7% der Baugebiete entsprechen würde.

Funktional. d.h. im Lichte der Planungswerte betrachtet, war und ist die Versorgung der Bevölkerung in der Schweiz noch nicht optimal. Insbesondere unbefriedigend ist das Angebot an Rasensportanlagen, an Badeanlagen im Freien und an Kunsteisbahnen. Die beiden letztgenannten Anlagetypen sind indessen an eine bestimmte Siedlungsmindestgrösse gebunden, sodass sie regional oder kommunal zu erfassen und zu bewerten sind.

Hinzuweisen ist noch auf die grossen Zuwachsraten einzelner Anlagetypen in der Periode 1975 bis 1986. So hat die Fläche der Tennishallen und Squash-Courts um 607%, der Tennisfelder im Freien um 84%, der Trockenplätze um 38%, der Turnhallen um 35%, der Rasensportanlagen um 26% und der Leichtathletikanlagen um 24% zugenommen.

In den Kantonen war die Situation sehr unterschiedlich. Im Kanton Basel Stadt z.B. belegten die Turn-, Spiel- und Sportanlagen 1986 etwa 2.2% der überbauten Gebiete, was gesamtschweizerisch den höchsten Wert darstellte, und trotzdem war die Versorgung der Stadteinwohner mit Freizeit- und Erholungsanlagen nicht optimal, ja sogar unbefriedigend. In eine andere Gruppe gehört der Kanton Jura, der den höchsten Pro-Kopf-Wert, aber auch einen relativ hohen Flächenanteil der Turn-, Spiel-

[1] Siehe dazu z.B. Gabathuler, Ch.: Bevölkerungsentwicklung und Wohnungswesen. Berichte zur Orts-, Regional- und Landesplanung Nr. 67. Zürich 1988

und Sportanlagen an der Baulandfläche (1.7%) aufwies. Das funktionale Angebot war im Kanton Graubünden ebenfalls überdurchschnittlich, der Flächenanteil des Angebotes an den überbauten Gebieten betrug jedoch nur 1.18 %, und war damit weit unter dem schweizerischen Durchschnitt. Es gab aber auch Kantone (Schwyz, Appenzell Inner Rhoden), in denen das funktionale Angebot ungenügend war, und zudem der Flächenanteil bezogen auf das überbaute Gebiet unter dem Durchschnitt blieb.

Die regionalen und kommunalen Auswertungen haben schliesslich gezeigt, dass die Versorgung einer Gemeinde oder Region mit Turn-, Spiel- und Sportanlagen von ihrem siedlungsstrukturellen Status nicht oder nur wenig beeinflusst wird. Unter den Grossstädten, Mittelstädten, Kleinstädten und ländlichen Geminden finden wir sowohl gut wie auch schlecht versorgte Orte. Hingegen könnten andere Einflussgrössen wichtig sein. Dazu gehören z.B. die grossräumige topographische Lage oder die touristische Bedeutung der Gemeinden und Regionen.

Wie schon erwähnt, werden die Turn-, Spiel- und Sportanlagen innerhalb der Bauzonen oft einer eigenen Spezialzone: der Zone der öffentlichen Bauten und Anlagen zugeteilt. Insbesondere trifft dies für die Anlagen im Freien, d.h. für die eigentlichen Sportanlagen, Freibäder und Tennisfelder zu. Hingegen werden in der Regel für die kleineren Spielwiesen, Trockenplätze, aber auch für Hallenanlagen, (speziell wenn sie isoliert stehen), kaum eigene Zonen ausgewiesen. Dies gilt insbesondere für die übrigen Sonderanlagen (Bocciafelder, Geländelaufbahnen, Fitnessparcours). Daraus folgt, dass eine arealstatistische Erfassung der Turn-, Spiel- und Sportanlagen sehr schwierig ist.

## 3.3 Spazier- und Wanderwege

### 3.31 Gesamtschweizerische Übersicht

#### 3.311 Kapazitäten und Belastungen

Die Länge des markierten Wanderwegnetzes in der Schweiz beträgt 54'309 km, davon sind 37'690 km als eigentliche Wanderwege und 16'619 km als Bergwege ausgewiesen. Der für die Bestimmung des Spazierweganteils massgebende Fächenanteil der städtischen Gemeinden wurde auf 4.37% geschätzt[1]. Daraus folgt – eine mehr oder weniger gleichmässige räumliche Verteilung des Wegnetzes vorausgesetzt – dass die Länge der Spazierwege 2'342 km und jene der Wanderwege 35'348 km misst. Die Fussgängerkapazität des gesamtschweizerischen Wegnetzes kann demzufolge - aufgrund der im Kapitel 2.332 angegebenen Werte für die zulässige Belastung beider Wegtypen - mit 553'670 Benützern angenommen werden.

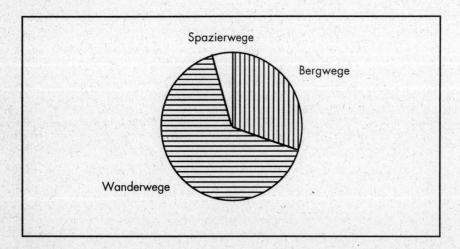

Abb. 3.3/1
Gliederung des von der SAW markierten Wegnetzes in der Schweiz

---

[1] Vgl. auch Kap. 2.331

Der schon genannten ORL-Studie[1] über die Belastung des Freiraumes durch die Erholungsuchenden konnte entnommen werden, dass der naturnahe Freiraum[2] in der Schweiz während der warmen Jahreszeit maximal von 586'319±13'316 gleichzeitig anwesenden Besuchern beansprucht wird. Eine Unterteilung dieser Grösse nach Spaziergängern, Wanderern und Bergwanderern wurde nicht gemacht. Mit Hilfe des festgelegten Anteils von 75% der gleichzeitigen Wegbenützer wird ihre Zahl gesamthaft auf 429'640 - 449'840 geschätzt. Damit scheint es, dass die markierten Wanderwege der SAW ausreichen, die bestehende Nachfrage zu decken.

### 3.312 Flächenverbrauch

Generell wollen wir die markierten Wege zunächst nur als Wanderwege mit der festgelegten Breite von 0.75 bis 3.00 m betrachten. Danach kann die verbrauchte Fläche mit 4'073 bis 16'293 ha angenommen werden. Aus der obigen Kategorisierung resultiert hingegen ein Flächenverbrauch von 1'246 bis 3'739 ha für die Bergwege, 2'651 bis 10'604 ha für die Wanderwege sowie 351 - 1'054 ha für die Spazierwege[3]. Das ergibt einen Gesamtverbrauch von 4'248 bis 15'397 ha. Aus der zweiten Annäherung kann ein Mittelwert von rund 9'823 ha errechnet werden.

Die Grösse des naturnahen Freiraumes (Landwirtschaftsgebiet, Wald, unproduktive Fläche ohne Gewässer) dürfte in der Schweiz etwa 37'141 km2 betragen. Der Flächenanteil der markierten Wege bezogen auf diesen naturnahen Freiraum bewegt sich zwischen 0.1 und 0.4%.

Bezogen auf die Einwohnerzahl, ergibt sich ein Flächenverbrauch von 6.6 bis 23.9 m2, im Mittel 15.2 m2, pro Person durch die markierten Wege.

---

[1] Jacsman, J.: Die mutmassliche Belastung der Wälder durch die Erholungsuchenden. Berichte zur Orts-, Regional- und Landesplanung, Nr. 79. Zürich 1990

[2] "Auch "freie Landschaft" genannt.

[3] Vergleiche die Festlegungen für die kategorienspezifischen Wegbreiten in Kapitel 2.334.

## 3.32 Kantonale Übersichten

### 3.321 Kapazitäten und Belastungen

Tabelle 3.3/1 enthält die massgebenden Weglängen nach Wegkategorien in einzelnen den Kantonen.

| Kanton | Anteil SG | Wegnetz km | Bergwege km | Wanderwege km | Spazierwege km |
|---|---|---|---|---|---|
| ZH | 25.6 | 2'654 | 2 | 1974 | 678 |
| BE | 3.9 | 8'938 | 1782 | 6874 | 282 |
| LU | 6.3 | 2'250 | 250 | 1875 | 125 |
| UR | 0.0 | 1'027 | 528 | 499 | 0 |
| SZ | 6.2 | 880 | 500 | 356 | 24 |
| OW | 0.0 | 1'071 | 452 | 619 | 0 |
| NW | 0.0 | 511 | 400 | 111 | 0 |
| GL | 0.0 | 838 | 663 | 175 | 0 |
| ZG | 22.5 | 520 | 3 | 401 | 116 |
| FR | 0.6 | 939 | 275 | 660 | 4 |
| SO | 11.2 | 1'310 | 3 | 1161 | 146 |
| BS | 93.7 | 26 | 0 | 2 | 24 |
| BL | 17.5 | 666 | 0 | 550 | 116 |
| SH | 13.0 | 445 | 0 | 387 | 58 |
| AR | 14.6 | 732 | 2 | 623 | 107 |
| AI | 0.0 | 489 | 180 | 309 | 0 |
| SG | 4.9 | 3'920 | 717 | 3046 | 157 |
| GR | 0.4 | 10'500 | 9400 | 1095 | 5 |
| AG | 3.2 | 1'631 | 2 | 1576 | 53 |
| TG | 4.6 | 968 | 0 | 923 | 45 |
| TI | 1.9 | 3'500 | | 3434 | 66 |
| VD | 3.9 | 2'780 | 230 | 2451 | 99 |
| VS | 1.8 | 4'930 | 1230 | 3633 | 67 |
| NE | 13.5 | 1'276 | 0 | 1104 | 172 |
| GE | 17.7 | 140 | 0 | 115 | 25 |
| JU | 2.6 | 1'368 | 0 | 1332 | 36 |
| CH | 4.4 | 54309 | 16619 | 35286 | 2404 |

SG = Städtisches Gemeindegebiet

Tabelle 3.3/1
Weglängen nach Kategorien in den Kantonen (1995)

Basierend auf diesen Angaben wurde die Fussgängerkapazität der vorhandenen Wege ermittelt und der Belastung der Wege gegenübergestellt. Das Ergebnis ist in Tabelle 3.3/2 dargestellt. In allen Fällen einer

Überbelastung wurden die noch erforderlichen Weglängen in der Kategorie "Wanderweg" errechnet, wobei der Mittelwert der ungedeckten Nachfrage massgebend war.

Ingesamt 9 Kantone zeigen einen Nachholbedarf an markierten Wegen mit einer Gesamtlänge von 5511 km. Unter diesen Kantonen befinden sich - aus verständlichen Gründen - der Kanton Basel Stadt und der Kanton Genf. Die restlichen sind zu einer Hälfte Bergkantone, zur anderen Hälfte Mittellandkantone.

| Kan-ton | Kapazität (K) Total | Belastung (B) | | Differenz | | Benötigte Weglänge km |
|---|---|---|---|---|---|---|
| | | Minimum | Maximum | K-Bmin | K-Bmax | |
| ZH | 53651 | 43902 | 53658 | 9749 | -7 | |
| BE | 91755 | 49322 | 60283 | 42432 | 31472 | |
| LU | 26259 | 20635 | 25221 | 5623 | 1038 | |
| UR | 7630 | 3586 | 4383 | 4044 | 3247 | |
| SZ | 7244 | 9000 | 11000 | -1755 | -3755 | 276 |
| OW | 8450 | 2861 | 3496 | 5589 | 4954 | |
| NW | 3110 | 3717 | 4542 | -607 | -1432 | 102 |
| GL | 5065 | 9117 | 11142 | -4052 | -6077 | 506 |
| ZG | 9833 | 4664 | 5701 | 5169 | 4132 | |
| FR | 8163 | 16200 | 19800 | -8037 | -11637 | 984 |
| SO | 18924 | 14740 | 18016 | 4184 | 909 | |
| BS | 1235 | 5023 | 6139 | -3788 | -4904 | 435 |
| BL | 11315 | 7952 | 9719 | 3364 | 1597 | |
| SH | 6761 | 2260 | 2762 | 4501 | 3999 | |
| AR | 11573 | 2886 | 3527 | 8688 | 8046 | |
| AI | 3990 | 2322 | 2838 | 1668 | 1152 | |
| SG | 41876 | 28141 | 34395 | 13735 | 7481 | |
| GR | 58180 | 22961 | 28064 | 35219 | 30116 | |
| AG | 18407 | 27068 | 33083 | -8661 | -14676 | 1167 |
| TG | 11476 | 13232 | 16172 | -1756 | -4696 | 323 |
| TI | 37623 | 17773 | 21723 | 19850 | 15900 | |
| VD | 30627 | 36855 | 45045 | -6228 | -14418 | 1032 |
| VS | 45837 | 28091 | 34333 | 17746 | 11504 | |
| NE | 19654 | 9127 | 11155 | 10527 | 8499 | |
| GE | 2391 | 8338 | 10191 | -5947 | -7800 | 687 |
| JU | 15116 | 5999 | 7333 | 9117 | 7784 | |
| CH | 556144 | 395771 | 483721 | 160373 | 72424 | 5511 |

Tabelle 3.3/2
Kapazität und Belastung der Wege

### 3.322 Flächenverbrauch

In Tabelle 3.3/3 ist der Flächenverbrauch nach Wegkategorien und nach Kantonen dargestellt, wobei wiederum Minima und Maxima ermittelt wurden. Entscheidend sind dabei Minima und Maxima des totalen Flächenverbrauches. Um diese interpretieren zu können, wurden zwei Bezugsgrössen herangezogen: die Fläche der naturnahen Gebiete und die Einwohnerzahl in den Kantonen. Die Relationen sind aus Tabelle 3.3/4 ersichtlich. Abbildung 3.3/2 zeigt die Pro-Kopf-Quoten nach Kantonen.

| Kan-ton | Bergweg Min | Bergweg Max | Wanderweg Min | Wanderweg Max | Spazierweg Min | Spazierweg Max | Total Min | Total Max |
|---|---|---|---|---|---|---|---|---|
| ZH | 0 | 0 | 148 | 592 | 102 | 305 | 250 | 898 |
| BE | 134 | 401 | 516 | 2062 | 42 | 127 | 692 | 2590 |
| LU | 19 | 56 | 141 | 562 | 19 | 56 | 178 | 675 |
| UR | 40 | 119 | 37 | 150 | 0 | 0 | 77 | 269 |
| SZ | 38 | 113 | 27 | 107 | 4 | 11 | 68 | 230 |
| OW | 34 | 102 | 46 | 186 | 0 | 0 | 80 | 287 |
| NW | 30 | 90 | 8 | 33 | 0 | 0 | 38 | 123 |
| GL | 50 | 149 | 13 | 53 | 0 | 0 | 63 | 202 |
| ZG | 0 | 1 | 30 | 120 | 17 | 52 | 48 | 173 |
| FR | 21 | 62 | 50 | 198 | 1 | 2 | 71 | 262 |
| SO | 0 | 1 | 87 | 348 | 22 | 66 | 109 | 415 |
| BS | 0 | 0 | 0 | 0 | 4 | 11 | 4 | 11 |
| BL | 0 | 0 | 41 | 165 | 17 | 52 | 59 | 217 |
| SH | 0 | 0 | 29 | 116 | 9 | 26 | 38 | 142 |
| AR | 0 | 0 | 47 | 187 | 16 | 48 | 63 | 235 |
| AI | 14 | 41 | 23 | 93 | 0 | 0 | 37 | 133 |
| SG | 54 | 161 | 228 | 914 | 23 | 70 | 306 | 1146 |
| GR | 705 | 2115 | 82 | 329 | 1 | 2 | 788 | 2446 |
| AG | 0 | 0 | 118 | 473 | 8 | 24 | 126 | 497 |
| TG | 0 | 0 | 69 | 277 | 7 | 20 | 76 | 297 |
| TI | 0 | 0 | 258 | 1030 | 10 | 30 | 267 | 1060 |
| VD | 17 | 52 | 184 | 735 | 15 | 45 | 216 | 832 |
| VS | 92 | 277 | 272 | 1090 | 10 | 30 | 375 | 1397 |
| NE | 0 | 0 | 83 | 331 | 26 | 78 | 109 | 409 |
| GE | 0 | 0 | 9 | 35 | 4 | 11 | 12 | 46 |
| JU | 0 | 0 | 100 | 400 | 5 | 16 | 105 | 416 |
| CH | 1246 | 3739 | 2646 | 10586 | 361 | 1082 | 4253 | 15407 |

Tabelle 3.3/3
Flächenverbrauch nach Wegkategorien in ha nach Kantonen

Bezogen auf die naturnahen Gebiete zeigen sich wiederum die Kantone Basel- Stadt und Genf mit dem grössten Angebot. Überdurchschnittliche Flächenanteile haben noch die Kantone Zürich, Obwalden, Zug, Solothurn, Basel-Land, Appenzell Ausser und Inner Rhoden, St. Gallen, Aargau, und Neuenburg. Um den gesamtschweizerischen Durchschnitt bewegen sich die Kantone Bern, Luzern, Glarus, Schaffhausen, Thurgau, Tessin, Wadt und Jura. Unterdurchschnittliche Anteile kennzeichnen die Kantone Uri, Schwyz, Freiburg, Graubünden und Wallis. Da es sich hier um Bergkantone handelt, besteht der Verdacht, dass die tiefen Werte auf den hohen Anteil dieser Kantone an unproduktiven Flächen zurückgeht.

| Kan-ton | Naturnahe Gebiete in km2 | Anteil Wegfläche | | Einwohner 1990 | Fläche pro Einwohner | |
|---|---|---|---|---|---|---|
| | | Min % | Max % | | Min m2 | Max m2 |
| ZH | 1328.1 | 0.19 | 0.68 | 1122839 | 2.2 | 8.0 |
| BE | 5531.19 | 0.13 | 0.47 | 912022 | 7.6 | 28.4 |
| LU | 1315.26 | 0.14 | 0.51 | 296159 | 6.0 | 22.8 |
| UR | 1029.45 | 0.07 | 0.26 | 33883 | 22.7 | 79.2 |
| SZ | 798.58 | 0.11 | 0.39 | 114495 | 7.7 | 27.3 |
| OW | 460.1 | 0.17 | 0.62 | 25865 | 31.1 | 111.1 |
| NW | 228.13 | 0.20 | 0.67 | 32000 | 14.4 | 48.1 |
| GL | 653.3 | 0.15 | 0.54 | 36718 | 27.5 | 96.3 |
| ZG | 180.81 | 0.26 | 0.96 | 75930 | 6.3 | 22.8 |
| FR | 1479.18 | 0.10 | 0.38 | 185246 | 7.8 | 30.1 |
| SO | 700.14 | 0.16 | 0.59 | 218102 | 5.0 | 19.0 |
| BS | 9.35 | 3.89 | 15.17 | 203915 | 1.8 | 7.0 |
| BL | 357.93 | 0.16 | 0.61 | 219822 | 2.7 | 9.9 |
| SH | 266.09 | 0.14 | 0.53 | 69413 | 5.4 | 20.5 |
| AR | 225.09 | 0.24 | 0.97 | 47611 | 11.5 | 46.1 |
| AI | 165.2 | 0.24 | 0.85 | 12844 | 31.2 | 109.0 |
| SG | 1774.42 | 0.17 | 0.65 | 420268 | 7.3 | 27.3 |
| GR | 6896.13 | 0.11 | 0.35 | 164641 | 47.9 | 148.5 |
| AG | 1184.35 | 0.18 | 0.72 | 453442 | 4.7 | 18.7 |
| TG | 759.92 | 0.13 | 0.52 | 201928 | 5.0 | 19.5 |
| TI | 2568.62 | 0.10 | 0.41 | 282181 | 9.5 | 37.6 |
| VD | 2576.21 | 0.11 | 0.44 | 528747 | 5.5 | 21.6 |
| VS | 5029.7 | 0.07 | 0.28 | 218707 | 17.1 | 63.9 |
| NE | 661.31 | 0.16 | 0.62 | 158368 | 6.9 | 25.8 |
| GE | 165.33 | 0.39 | 1.52 | 349040 | 1.8 | 7.2 |
| JU | 797.44 | 0.13 | 0.52 | 64986 | 16.2 | 64.0 |
| CH | 37141.33 | 0.13 | 0.46 | 6449172 | 7.2 | 26.4 |

Tabelle 3.3/4
Kennzahlen des Wegangebotes in den Kantonen (1995)

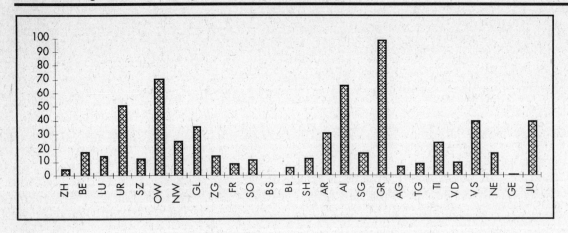

Abb. 3.3/2
Wegflächen in m2 pro Einwohner nach Kantonen (1995)

Wenn die Einwohnerzahl als Bezugsbasis genommen wird, finden sich die Stadt- und verstädterten Kantone am Schluss der Rangordnung, während die Bergkantone, speziell jene mit starkem Tourismus, vorne stehen. Nicht in dieses Bild passt der Kanton Jura, der wegen seiner relativ kleinen Einwohnerzahl ebenfalls einen grossen Pro-Kopf-Wert aufweist.

### 3.33 Ausgewählte Gemeinden und Regionen

#### 3.331 Stadt Zürich

Die Stadt Zürich - als die bevölkerungsreichste **städtische Gemeinde** der Schweiz - besitzt viel Wald und grössere, noch immer landwirtschaftlich genutzte Gebiete, die neben Wirtschaftswegen auch durch markierte Spazier- und Wanderwege erschlossen sind. Die Länge der markierten Wege ausserhalb des Baugebietes wurde auf 158 km geschätzt[1]. Das ergibt eine Dichte der markierten Wege von 46 m/ha. Da wir davon ausgehen, dass alle diese Wege primär von Spaziergängern genutzt werden, darf die Fussgängerkapazität der Wege mit 7'900 gleichzeitigen Benützern angenommen werden. In der erwähnten ORL-Studie wurde die Zahl der maximalen gleichzeitigen Besucher im naturnahen Freiraum auf 11'636 ± 4'459 Personen geschätzt. Daraus lässt sich errechnen, dass die maximale Zahl der gleichzeitigen Spaziergänger etwa 8'700 ± 3'300 Personen beträgt. Die negative Bilanz zwischen Angebot und Nachfrage ist verständlich, aber sie bezieht sich nur auf die markierten Wege. Für die maximal mögliche Nachfrage sind noch etwa 16 km Wege zusätzlich zu markieren, so dass wir von einer Gesamtlänge von 174 km ausgehen.

Die Fläche der korrigierten Weglänge beträgt 26.1 bis 78.3 ha. Das ergibt einen Flächenanteil von 0.8 bis 2.3%, bezogen auf die naturnahen Gebiete der Stadt. Pro Einwohner besitzt Zürich 0.7 bis 2.2 m2 markierte Wegfläche.

---

[1] Ausgemessen aus dem Verkehrsplan, Fuss-, Rad- und Reitwegnetz der Stadt Zürich. Vom Regierungsrat genehmigt am 19.12.1990.

### 3.332 Bezirk Baden

Mit dem Doppelzentrum Baden/Wettingen gehört der Bezirk Baden zu den am stärksten **verstädterten Mittellandregionen** der Schweiz. Der Flächenanteil der beiden städtischen Gemeinden an der Bezirksfläche beträgt rund 16%. Die freie Landschaft dient primär der Erholung der einheimischen Bevölkerung. Gleichzeitig werden aber einige attraktive Gebiete der Region auch von auswärtigen Erholungsuchenden besucht. Ihr Anteil kann an schönen Ausflugstagen bis auf 50% anwachsen.

Nach der Datenbank der SAW sind im Bezirk 214 km Wanderwege markiert. Daraus kann, der Flächenanteil der städtischen Gemeinden mitberücksichtigt, eine Fussgängerkapazität von 3'510 Benützern abgeleitet werden. Aufgrund der erwähnten ORL-Studie schätzen wir die maximale gleichzeitige Nachfrage nach Wandern und Spazieren in dieser Region auf 4400±1250 Besucher. Um eine ausgeglichene Bilanz zu erreichen, sind noch 89 km Wege erforderlich. Damit beträgt die massgebende Weglänge 303 km. Das ergibt eine Wegdichte von 25.4 m/ha.

Die Fläche der Spazierwege umfasst 5.1 bis 15.4 ha, jene der Wanderwege 20.2 bis 80.6 ha, sodass insgesamt 25.3 bis 96.0 ha von Spazier- und Wanderwegen belegt sind. Da die Fläche der naturnahen Gebiete im Bezirk etwa 11950 ha misst, beträgt der Anteil der Wegflächen 0.2 bis 0.8%. Pro Einwohner werden 2.4 bis 8.8 m2 Wegflächen genutzt.

### 3.333 Bezirk Laufenburg

Eine Tafeljura-Landschaft, die als **Ausflugsgebiet** bekannt ist und auch entsprechend genutzt wird. Daraus folgt, dass vor allem auswärtige Ausflügler die Nachfrage nach Erholungseinrichtungen in der freien Landschaft bestimmen, so dass auf den markierten Wanderwegen das Wandern bevorzugt wird.

Die Länge der markierten Wanderwege im Bezirk beträgt 167.9 km. Die Kapazität der Wege kann also mit 1'679 Benützern beziffert werden. Diesem Angebot steht eine geschätzte maximale gleichzeitige Nachfrage von 2'260±700 Erholungsuchenden gegenüber. Daraus kann geschlossen werden, dass noch etwa 58 km nicht markierte Wege intensiv genutzt werden. Die massgebende Weglänge im Bezirk dürfte daher 226 km betragen. Sie führt zu einer Wegdichte von 16.2 m/ha.

Die Fläche des massgebenden Wanderwegnetzes umfasst 17 bis 67.8 ha. Bezogen auf die naturnahen Gebiete ergibt dies 0.12 bis 0.50%. Pro Einwohner ergibt sich eine Wegfläche von 7.6 bis 30.4 m2.

### 3.334 Wanderregion Appenzell

Die beiden Appenzeller Kantone bilden ein grösseres **regionales Erholungsgebiet**, das von Wanderern aus der nahen und fernen Umgebung vom Frühsommer bis in den Spätherbst bevorzugt aufgesucht wird.

Aus der kantonalen Zusammenstellung (Kap. 2.2) können wir entnehmen, dass die Gesamtlänge der Wanderwege in dieser Region 1221 km beträgt, wobei der Anteil der Bergwanderwege mit 182 km relativ klein ist. Im Kanton Ausser Rhoden wird 14.6% der Wanderwege von Spaziergängern genutzt. Die Fussgängerkapazität des gesamten Wegnetzes wird mit 15'892 Benützern angenommen. Dieser steht eine geschätzte maximale gleichzeitige Nachfrage von 5200 bis 6370 Benützer gegenüber. Daraus folgt, dass die vorhandenen markierten Wege reichen, die Nachfrage mehrfach zu befriedigen.

Die Gesamtfläche der Wege beträgt 95 bis 359 ha. Das sind 0.24 bis 0.92% der naturnahen Gebiete. Auf einen Einwohner entfallen 14.4 bis 54.3 m2 Wegflächen.

### 3.335 Gemeinde Braunwald

Braunwald gehört zu den wenigen autofreien **Kur- und Ferienorten** der Schweiz. Die Gemeinde liegt auf einer Hangterasse und ist vom Talboden aus mit einer Bergbahn erreichbar. Daraus darf geschlossen werden, dass für die Erholungsnutzung der Landschaft *im Sommer*, und speziell fürs Spazieren und Wandern innerhalb des Gemeindebanns, vor allem die anwesenden Gäste und Einheimischen in Frage kommen, während der Tagesausflugsverkehr begrenzt ist. Von einzelnen kleineren Gruppen von Tagesausflüglern wird das Gemeindegebiet zu Fuss erreicht oder durchquert.

Die Länge der offiziellen Wanderwege auf dem Gemeindeareal beträgt 50 km, davon sind 34 km Bergwanderwege. Das ergibt eine Wegdichte von 50.6 m/ha. Die Fussgängerkapazität des Wegnetzes wird auf 330 Personen geschätzt. Die maximale gleichzeitige Nachfrage der Gäste und der einheimischen Bevölkerung nach Wandern dürfte etwa 180 ± 50 Benützer betragen. Damit steht fest, dass das Angebot an markierten Wanderwegen selbst bei einem möglichen Maximum der Nachfrage ausreicht. Das vorhandene Wegnetz besitzt eine zusätzliche Reservekapazität von 100 bis 200 Benützern. Das lässt einen Anteil der gleichzeitigen Tagesausflügler zu, der gleich gross ist als jener der Gäste und der Einwohner.

Der Flächenverbrauch beträgt 3.6 bis 11.8 ha. Das sind 0.36 bis 1.19% des kommunalen naturnahen Gebietes. Pro Einwohner wurden 75 bis 247 m2 für die markierten Wanderwege verwendet.

### 3.336 Landschaft Davos

Davos nennt sich "Landschaft Davos", womit angedeutet wird, dass dort die Massstäbe einer Gemeinde, mindestens in räumlicher Hinsicht, massgeblich übertroffen werden. In der Tat erreicht Davos mit einer Totalfläche von 254.39 km2 eine regionale Grösse. Der weltbekannte **Touristenort** wird sowohl im Sommer wie auch im Winter von Tausenden und Abertausenden von Fremden besucht, die dort in der Regel längere Zeit verweilen. Der Tagestourismus ist hingegen - speziell im Sommer - weniger ausgeprägt.

Den Spaziergängern und Wanderern steht ein weitverzweigtes Wegnetz von 450 km Länge zur Verfügung. Entsprechend der geographischen Lage dürfte der Anteil der Bergwege in Davos gross sein. Wir rechnen mit einem Anteil von 80%. (Der Anteil der Bergwege im Kanton Graubünden beträgt 89.5%). Die Bergwege haben gemäss unseren Festlegungen eine kleinere Fussgängerkapazität als die normalen Wanderwege, was mit den Qualitätsanforderungen eines internationalen Kur- und Erholungsortes im Einklang steht. Die Gesamtkapazität der Wege beträgt unter diesen Randbedingungen nur 2800 Personen. In der genannten ORL-Studie wurde die gleichzeitige Nachfrage nach Erholung in der Landschaft mit 3477 ± 1011 Besucher angegeben. Daraus wird die maximale Zahl der gleichzeitigen Wanderer auf 2600 ± 769 Personen geschätzt. Obschon mehrheitlich mit der Kapazität von Bergwanderwegen gerechnet, reicht also die Länge des Wegnetzes aus, um die Nachfrage nach Wandern zu befriedigen.

Die 360 km Bergwege belegen 27 bis 81 ha, die restlichen 90 km Wanderwege 6.75 bis 27 ha. Der Flächenverbrauch für die markierten Wege beträgt also 33.75 bis 108 ha. Bezogen auf die naturnahen Gebiete ergibt das 0.14 bis 0.44%. Pro Einwohner wurde eine Fläche von 30.8 bis 98.6 m2 verbraucht.

### 3.337 Synopse der ausgewählten Gebiete

Tabelle 3.3/5 zeigt im Überblick die wichtigsten erarbeiteten Kennziffern für die ausgewählten Gemeinden und Regionen.

Aufgrund der wenigen Beispiele dürfte es schwierig sein, die raumfunktionalen Charakteristiken eindeutig zu erkennen. Es scheint jedoch, und auch die Ergebnisse der kantonalen Auswertungen bestätigen diesen Eindruck, dass insbesondere die Wegdichte zusammen mit der Einwohnerquote die einzelnen raumfunktionalen Gebietstypen gut kennzeichnet. So zeigen städtische Wohngebiete hohe Wegdichten und niedrige Einwohnerquoten, Ausflugsgebiete niedrige Wegdichten und mittelgrosse Einwohnerquoten und die touristischen Gebiete mittlere Wegdichten und sehr hohe Einwohnerquoten.

| Gebietstyp<br>Ort<br>Max | Wegdichte<br><br>m/ha | Wegfläche | | F-Anteil | | E-Quote | |
|---|---|---|---|---|---|---|---|
| | | Min<br>ha | Max<br>ha | Min<br>% | Max<br>% | Min<br>m2 | Max<br>m2 |
| *Wohngebiet* | | | | | | | |
| Zürich | 51.3 | 26.1 | 78.3 | 0.8 | 2.3 | 0.7 | 2.2 |
| Baden | 25.4 | 25.3 | 96.0 | 0.2 | 0.8 | 2.4 | 8.8 |
| *Ausflugsgebiet* | | | | | | | |
| Bezirk Laufenburg | 16.5 | 17.0 | 67.8 | 0.1 | 0.5 | 7.7 | 30.4 |
| Appenzell | 31.3 | 95.0 | 359.0 | 0.2 | 0.9 | 14.4 | 54.3 |
| *Tourismusgebiet* | | | | | | | |
| Braunwald | 50.6 | 3.6 | 11.8 | 0.4 | 1.2 | 75.0 | 247.0 |
| Davos | 18.2 | 34.0 | 108 | 0.1 | 0.4 | 30.8 | 98.6 |

F-Anteil: Wegflächenanteil bezogen auf das naturnahe Gebiet des Ortes
E-Quote: Wegfläche pro Einwohner

Tabelle 3.3/5
Kennzahlen der Wegsituation in ausgewählten Gemeinden und Regionen

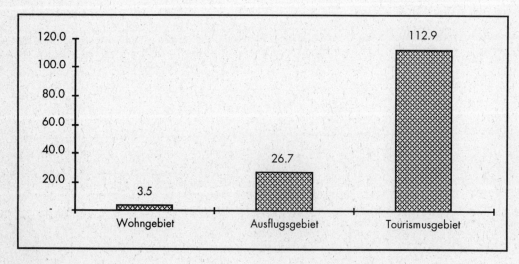

Abb. 3.3/3
Mittlere Pro-Kopf-Quoten des Wegverbrauchs in m2 pro Einwohner in den ausgewählten Gemeinden (1995)

### 3.34 Zusammenfassung und Folgerungen

Bis heute wurden in der Schweiz pro Einwohner im Mittel rund 15 m2 Boden für markierte Spazier- und Wanderwege "verbaut". Noch grösser ist der Flächenverbrauch pro Einwohner in Ausflugsgebieten und speziell in touristischen Orten. Bei den letztgenannten erreicht die Kopfquote für Spazier- und Wanderwege 100 m2 und mehr. Um die Bedeutung dieser Werte zu erkennen, müssen wir uns vergegenwärtigen, dass sich der Planungswert für die Nettosiedlungsfläche, d.h. für Wohn-, Arbeits-, Verkehrsfläche und Fläche für öffentliche Bauten und Anlagen, pro Einwohner zwischen 141 und 231 m2 bewegt, und für öffentliche Anlagen total nur 18 bis 23 m2 vorgesehen sind[1]. Insgesamt wurden für die markierten Wanderwege etwa 10'000 ha Boden verbraucht. Bezogen auf die Landesfläche ist dieser Flächenverbrauch mit einem Anteil von weniger als 0.3% ohne Bedeutung. Im Vergleich mit der Flächengrösse der Grün- und Erholungsanlagen von 12'090 ha, oder mit dem Industrieareal von 14'738 ha, ist die Grössenordnung der Wanderwegflächen jedoch ohne Zweifel beeindruckend.[2]

Damit scheint es, dass die Statistik der Flächennutzungen durch die Nicht-Erfassung der linearen Elemente der Erholungsinfrastruktur verfälscht wird. Die Grösse der direkt und vorwiegend für Erholungszwecke beanspruchten Flächen dürfte massgeblich grösser sein, als von arealstatistischen Zusammenstellungen angegeben wird. Schon die Tatsache, dass im Nichtsiedlungsraum allein für Spazier- und Wanderwege die gleich grosse Fläche verbraucht wurde wie im Siedlungsraum für Grün- und Erholungsanlagen insgesamt, dürfte die Zuverlässigkeit der Arealstatik aus der Sicht der Erholungsplanung stark in Zweifel ziehen. Eine genauere Beurteilung dieses Sachverhaltes kann jedoch erst nach Abschluss aller Teiluntersuchungen erfolgen.

Abschliessend sei darauf hingewiesen, dass eine flächenbezogene Erfassung der Spazier- und Wanderwege zum ökologischen Problem der Flächenzerschneidungen keine Aussagen machen kann. Der "Flächenverbrauch" ist zwar ein wichtiger, jedoch nicht hinreichender Indikator zur Kennzeichnung der räumlichen Entwicklung. Dieser Aspekt der Wege müsste daher noch separat untersucht werden.

---

[1] Maurer, J.: Erläuterungen zur Zweckmässigkeitsprüfung von Ortsplanungen. 4.2 Zonenplan. Provisorische Richtlinien zur Orts-, Regional- und Landesplanung, Blatt Nr. 511 507. Zürich 1966. S. 2.
[2] Gemäss Arealstatistik 1979/85.

## 3.4 Touristische Transportanlagen

### 3.41 Gesamtschweizerische Übersicht

#### 3.411 Grunddaten

Im Jahre 1985 betrug die (schräge) Länge der relevanten touristischen Transportanlagen in der Schweiz 161'230 m, davon entfielen auf Standseilbahnen 48'505 m, auf Schmalspurbahnen 13'274 m und auf Zahnradbahnen 99'458 m. Zahlenmässig gab es 43 Standseilbahnen, 3 Schmalspurbahnen und 19 Zahnradbahnen und somit insgesamt 65 für die Studie relevante touristische Bergbahnen. Sie bewältigen insgesamt 34'787 m Höhendifferenz.

#### 3.412 Flächenverbrauch

Insgesamt wurde der Flächenverbrauch der relevanten touristischen Bergbahnen auf 478'210 bis 624'280 m2 oder rund auf 47.8 bis 62.4 ha geschätzt. Aus der obigen Kategorisierung resultiert ein Flächenverbrauch von 14.6 bis 19.4 ha für Standseilbahnen, von 4 bis 5.3 ha für Schmalspurbahnen und von 29.8 - 39.8 ha für die Zahnradbahnen. Das ergibt gesamthaft einen Mittelwert von rund 55 ha.

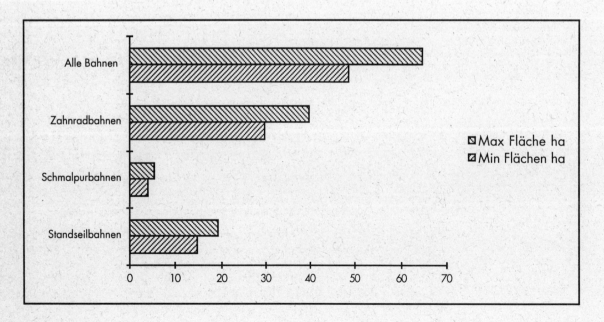

Abb. 3.4/1

Fächenverbrauch in ha durch Standseil -, Schmalspur- und Zahnradbahnen in der Schweiz (1985)

Im Vergleich mit den Flächen für die Spazier- und Wanderwege ist der Flächenverbrauch für die relevanten touristischen Bergbahnen ohne grosse Bedeutung. Bezogen auf die freie Landschaft, d.h. auf das Waldareal, die Landwirtschaftsgebiete und das Öd- und Unland (ohne Gewässer) im Berggebiet, darf diese Grössenordnung sogar vernachlässigt werden.

## 3.42 Kantonale Übersichten

### 3.421 Grunddaten

Tabelle 3.4/1 enthält die Grunddaten und die errechneten horizontalen Bahnlängen für die einzelnen Kantone. Weiter zeigt sie den Anteil der einzelnen Kantone am Gesamtbestand der Bergbahnen.

| Kanton | Schräge Länge | Höhendifferenz | Horizontale Länge | Anteil in % |
|--------|--------------:|---------------:|------------------:|------------:|
| BE | 60346 | 12444 | 58523 | 37.5 |
| LU | 7339 | 1593 | 7153 | 4.6 |
| UR | 5634 | 736 | 5567 | 3.6 |
| SZ | 11673 | 1935 | 11401 | 7.3 |
| OW | 4885 | 1942 | 4476 | 2.9 |
| NW | 2857 | 905 | 2666 | 1.7 |
| GL | 1366 | 603 | 1226 | 0.8 |
| ZG | 1281 | 365 | 1228 | 0.8 |
| SG | 3093 | 695 | 2995 | 1.9 |
| GR | 8300 | 2454 | 7912 | 5.1 |
| TI | 14390 | 3499 | 13770 | 8.8 |
| VD | 23134 | 3938 | 22716 | 14.6 |
| VS | 14848 | 3108 | 14425 | 9.2 |
| NE | 2091 | 570 | 2012 | 1.3 |
| CH | 161237 | 34787 | 156070 | 100.0 |

Tabelle 3.4/1
Bahnlängen und Bahnanteile in den Kantonen (1985)

Insgesamt verfügten im Jahre 1985 14 Kantone über touristische Bergbahnen der hier berücksichtigten Typen. Mit einer Ausnahme befinden sich alle diese Kantone in den Alpen und Voralpen. Den grössten Anteil an diesen Bergbahnen besitzt der Kanton Bern; die Anteile der Waadt und des Wallis sind ebenfalls erwähnenswert.

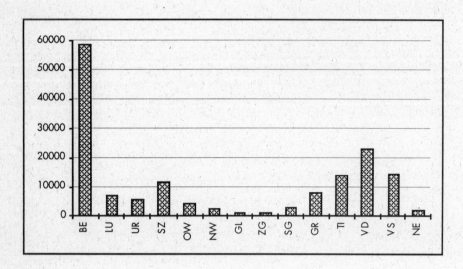

Abb. 3.4/2
Länge der touristischen Bergbahnen in m nach Kantonen (1985)

## 3.422 Flächenverbrauch

In Tabelle 3.4/2 ist der Flächenverbrauch durch die für die Studie relevanten Bergbahnen nach Kantonen dargestellt, wobei wiederum Minima und
Maxima geschätzt wurden. Wie schon beim gesamtschweizerischen Vergleich, sind auch die kantonalen Flächenanteile der Bergbahnen an der
Gesamtfläche der freien Landschaft (Freiraum) ohne Bedeutung. Um die
Ergebnisse interpretieren zu können, wurde als Bezugsgrösse die Bettenzahl in der Hotellerie und Parahotellerie, jedoch ohne die Campingplätze,
herangezogen. Abbildung 3.4/3 zeigt die Flächenanteile pro Gastbett.

Sofern man vom nicht touristischen Kanton Zug absieht, zeigen bezogen auf die Gastbettenzahl die Kantone Schwyz, Uri, Bern und Nidwalden das grösste Angebot. Überdurchschnittliche Werte haben noch
die Kantone Obwalden, Luzern, Waadt und Neuenburg.

| Kantone | Min Fäche m2 | Max Fläche m2 | MIN BF/FRF | MAX BF/FRF |
|---|---|---|---|---|
| BE | 175569 | 234092 | 0.0032 | 0.0042 |
| LU | 21459 | 28612 | 0.0016 | 0.0022 |
| UR | 16701 | 22268 | 0.0016 | 0.0022 |
| SZ | 34203 | 45604 | 0.0043 | 0.0057 |
| OW | 13428 | 17904 | 0.0029 | 0.0039 |
| NW | 7998 | 10664 | 0.0035 | 0.0047 |
| GL | 3678 | 4904 | 0.0006 | 0.0008 |
| ZG | 3684 | 4912 | 0.0020 | 0.0027 |
| SG | 8985 | 11980 | 0.0005 | 0.0007 |
| GR | 23736 | 31648 | 0.0003 | 0.0005 |
| TI | 41310 | 55080 | 0.0016 | 0.0021 |
| VD | 68148 | 90864 | 0.0026 | 0.0035 |
| VS | 43275 | 57700 | 0.0009 | 0.0011 |
| NE | 6036 | 8048 | 0.0009 | 0.0012 |
| CH | 468210 | 624280 | 0.0016 | 0.0021 |

BF/FRF=Anteil dere Bahnfläche (BF) an der Freiraumfläche (FRF) in %

Tabelle 3.4/2
Flächenverbrauch der Bergbahnen in m2 nach Kantonen

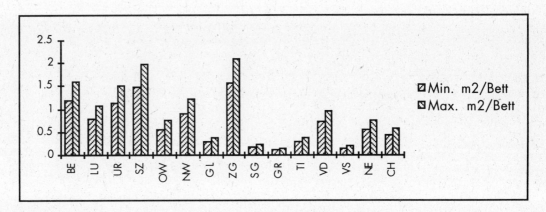

Abb. 3.4/3
Flächenverbrauch der Bergbahnen in m2 pro Gastbett nach Kantonen

### 3.423 Kommentar

Das heutige Angebot an Standseilbahnen, Schmalspurbahnen und Zahn-radbahnen in einem Bergkanton ist weniger eine Frage des Bedarfs, son-dern vor allem eine Folge der geschichtlichen Entwicklung des Tourismus in den einzelnen Kantonen. Die meisten Bahnen dieser Art wurden nämlich noch im letzten Jahrhundert oder am Anfang dieses Jahrhunderts gebaut und sind somit eigentlich historische Denkmäler der "Belle Epoque" des Tourismus. In der jüngeren Zeit stellten viele dieser Bergbahnen ihren Be-trieb ein bzw. wurden durch neue, kostengünstigere Verkehrsanlagen, ins-besondere durch Luftseilbahnen, abgelöst. Die in den letzten Jahrzehnten neu gebauten Anlagen sind ausnahmslos Luftseilbahnen.

## 3.43  Ausgewählte Regionen und Gemeinden

### 3.431 Regionen

Es wurden zwei Regionen in die nähere Prüfung einbezogen: Die Region Berner Oberland-Ost und die Region Luzern-Schwyz-Unterwalden, d.h. das Gebiet um den Vierwaldstättersee. Tabelle 3.4/3 zeigt die Bahnlän-gen, Tabelle 3.4/4 die verbrauchten Flächen nach Bahnkategorien und Abbildung 3.4/3 die Bahnflächen in m2 pro Gastbett.

| Region | ST | S | Z | Total |
|---|---|---|---|---|
| Berner Oberland-Ost | 6731 | 4274 | 43289 | 54294 |
| Luzern-Schwyz-Unterwalden | 8390 | 0 | 19645 | 28035 |

| |
|---|
| ST= Standseilbahn |
| S  = Schmalspurbahn |
| Z  = Zahnradbahn |

Tabelle 3.4/3
Bahnlängen in den ausgewählten Regionen in m

Die Differenz zwischen den beiden touristischen Regionen ist primär auf ihre unterschiedliche Grösse und damit auf die unterschiedliche Gast-bettenzahl zurückzuführen.

| Bahnkategorie | | BE-O-O | LU/SZ/UW |
|---|---|---|---|
| Standseilbahn | Min | 20193 | 25170 |
| | Max | 26924 | 33560 |
| Schmalspurbahn | Min | 12822 | 0 |
| | Max | 17096 | 0 |
| Zahnradbahn | Min | 129867 | 58935 |
| | Max | 173156 | 78580 |
| TOTAL | Min | 162882 | 84105 |
| | Max | 217176 | 112140 |

| | |
|---|---|
| BE-O-O | = Region Berner Oberland-Ost |
| LU/SZ/UW | = Region Luzern-Schwyz-Unterwalden |

Tabelle 3.4/4
Bahnflächen in den ausgewählten Regionen in m2

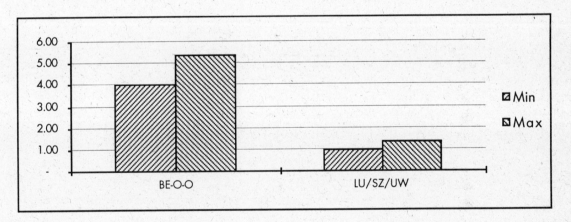

Abb. 3.4/5
Flächenverbrauch der touristischen Bergbahnen in m2 pro Gastbett in den ausgewählten Regionen

### 3.432 Gemeinden

Zwei altbekannte Touristenorte sollen miteinander verglichen werden: Lauterbrunnen im Berner Oberland und Montreux am Genfersee. Tabelle 3.4/5 enthält die Grunddaten.

| Gemeinde | ST | S | Z | Total |
|---|---|---|---|---|
| Lauterbrunnen | 1741 | 4271 | 20964 | 26976 |
| Montreux | 1424 | 0 | 10192 | 11616 |

Abkürzungen siehe Tabelle 3.4/3

Tabelle 3.4/5
Bahnlängen in ausgewählten Gemeinden

Die von den einzelnen Bahnkategorien beanspruchten Flächen und die Fläche pro Gastbett sind aus Tabelle 3.4/ 6 ersichtlich. Im Vergleich mit den kantonalen Werten sind die kommunalen Flächenwerte pro Gastbett erheblich grösser.

| Bahnkategorie | | Lauterbrunnen | | Montreux | |
|---|---|---|---|---|---|
| | | Gesamtfläche | Fläche/Bett | Gesamtfläche | Fläche/Bett |
| Standseilbahn | Min | 5223 | | 4272 | |
| | Max | 6964 | | 5696 | |
| Schmalspurbahn | Min | 12813 | | 0 | |
| | Max | 17084 | | 0 | |
| Zahnradbahn | Min | 62892 | | 30576 | |
| | Max | 83856 | | 40768 | |
| TOTAL | Min | 80928 | 5.91 | 34848 | 3.84 |
| | Max | 107904 | 7.89 | 46464 | 5.11 |

Tabelle 3.4/6
Bahnflächen und ihre Bedeutung in den ausgewählten Gemeinden

### 3.433 Kommentar

Die regionale und kommunale Betrachtung der Bahnflächen führt zu keinen sinnvollen Aussagen, da die Bergbahnen – wie schon bei der kantonalen Differenzierung gesagt wurde – das Ergebnis einer historischen Entwicklung sind. Daraus folgt, dass die Bergbahnen vor allem in den ältesten, d.h. schon im letzten Jahrhundert bekannten Touristenorten der Schweiz zu finden sind.

### 3.44 Zusammenfassung und Folgerungen

Die linearen Elemente „touristische Transportanlagen" sind im Rahmen der Grundnutzungen für Erholungszwecke nicht von Bedeutung. Dies erstens deshalb, weil sie flächenmässig kaum in Erscheinung treten. Ihre Gesamtfläche von 47.8 bis 62.4 ha kann sogar im kommunalen Rahmen, geschweige denn im regionalen und im kantonalen, (von einer gesamtschweizerischen Sicht gar nicht zu sprechen), ohne weiteres vernachlässigt werden. Zweitens sind diese Bahnen eigentlich historische Relikte. Dementsprechend findet man sie vor allem im Berner Oberland, in der Region Vevey-Montreux, in der Zentralschweiz und in den zuerst erschlossenen touristischen Regionen Graubündens. Sie sind für den eigentlichen Bedarf an Erschliessungsanlagen in Erholungsgebieten nicht mehr massgebend. Ihr Bestand ist sogar stark gefährdet. Sie - oder mindestens einige ausgewählte Strecken von ihnen - sollten daher - inklusive Rollmaterial - als Kulturdenkmäler unter Schutz gestellt werden.

## 3.5 Bauten für Beherbergung und Verpflegung

### 3.51 Gesamtschweizerische Übersicht

#### 3.511 Grunddaten

Tabelle 3.5/1 enthält einige Informationen über den Tourismus und den Erholungstourismus in der Schweiz. Es zeigt sich, dass in Regionen ohne Erholungstourismus die Hotellerie relativ stark, die Massenbeherbergungsbetriebe inklusive Campingplätze nur mittelmässig in Erscheinung treten, während die Ferienhäuser und -wohnungen weitgehend fehlen. Insgesamt befinden sich rund 89% des Gastbettenangebotes in Gebieten des Erholungstourismus.

Anders sieht es bei der Verteilung der Sitzplätze aus. Nur 55.2% der Sitzplätze sind in den Regionen des Erholungstourismus zu finden, und auch dieses Angebot wird mehrheitlich von der einheimischen Bevölkerung beansprucht. Die Gäste überwiegen nur in den Gaststätten und Restaurants der Beherbergungsbetriebe.

| Kategorien | CH | ER | ER/CH | ES | Anteil ES |
|---|---|---|---|---|---|
| Betten in Hotels | 283801 | 216615 | 76.3 | | |
| Betten in Ferienhaus, -wohnung | 754405 | 736935 | 97.7 | | |
| Betten in Lager+SJH+SAC | 242723 | 196273 | 80.9 | | |
| Camping-Schlafplätze | 275805 | 237382 | 86.1 | | |
| Betten der Beherbergung Total | 1556734 | 1387205 | 89.1 | | |
| | | | | | |
| Sitzplätze der Beherbergung | 808028 | 646292 | 80.0 | 358360 | 55.3 |
| Sitzplätze in Gaststätten | 1708330 | 742014 | 43.4 | 244780 | 33.0 |
| Sitzplätze Total | 2516358 | 1388306 | 55.2 | 603140 | 43.5 |
| | | | | | |
| Einwohnerzahl | 6873687 | 2377871 | 34.6 | | |

| | |
|---|---|
| CH | = Tourismus in der Schweiz (Landesfläche insgesamt) |
| ER | = Gebiete des Erholungstourismus |
| ER/CH | = Anteil in Gebieten des Erholungstourismus |
| ES | = Von den erholungsuchenden Gästen ("Touristen") benutzt |
| Anteil ES | = Anteil der Sitzplätze, die von den erholungsuchenden Gästen benutzt werden. |

Tabelle 3.5/1
Vergleich der Suprastruktur zwischen Gesamttourismus und Erholungstourismus 1985

Die Zahl der Gastbetten in den einzelnen Kategorien konnte direkt der Betriebsstatistik 1985 entnommen werden. Die Verteilung der Sitzplätze innerhalb der touristischen Gebiete erfolgte mit Hilfe der Relation zwischen der Gastbettenzahl in der Parahotellerie (inkl. Campingplätze) und der Einwohnerzahl generell. Anhang 2 zeigt das Vorgehen im Detail.

Wir gehen von der Annahme aus, dass das Gastbettenangebot in den touristischen Regionen vollständig von den Erholungsuchenden beansprucht wird. Die Sitzplätze stehen hingegen sowohl den Touristen als auch den einheimischen Besuchern zur Verfügung, wobei den Hotelgästen die Sitzplätze direkt zugeteilt werden. Bei den verbleibenden Gästen aus der Parahotellerie überwiegen die Bewohner der Ferienhäuser und Ferienwohnungen. Da sie meist die Möglichkeit zum Kochen haben, betrachten wir sie und die Einwohner als gleichwertige Kunden der Gaststätten.

### 3.512 Beanspruchte Flächen

Mit Hilfe der im Kapitel 2.53 festgelegten spezifischen Nettosiedlungsflächen pro Gastbett und Sitzplatz wurden die für die erholungsrelevante touristische Suprastruktur beanspruchten Flächen in der Schweiz berechnet. Dabei wurden in der Beherbergung vier, bei den Sitzplätzen drei Kategorien unterschieden. Zu den letztgenannten gehören erstens alle Sitzplätze in den Hotels, die von den eigenen Gästen genutzt werden können, dann die von anderen Gästen genutzten Sitzplätze und schliesslich jene Sitzplätze, die von Erholungsuchenden in den selbständigen Gaststätten beansprucht werden. (Den einheimischen Besuchern verbleiben Sitzplätze sowohl in den Hotelrestaurants als auch in den eigenständigen Gaststätten.)

Insgesamt beanspruchte die touristische Suprastruktur für Erholungsuchende um 1985 eine Fläche von etwa 140 km2. Pro Gastbett/Schlafstelle wurden im Durchschnitt rund 100 m2 verbraucht. Ein sehr grosser Anteil (rund 92%) der verbrauchten Flächen geht auf das Konto der Beherbergung. Innerhalb der Beherbergung sind die Ferienhäuser und -wohnungen die wichtigsten Verbraucher.

|  | Anzahl | Fläche in m2 | F-Anteil in% | F-Anteil in% |
|---|---|---|---|---|
| *Betten in* | | | | |
| Hotels | 216615 | 15596280 | 12.1 | |
| Ferienhäusern, -wohnungen | 736935 | 94598250 | 73.4 | |
| Massenunterkünften | 196273 | 9813650 | 7.6 | |
| Campingplätzen | 275805 | 8831500 | 6.9 | |
| Betten Total | 1425628 | 128839680 | 100 | 91.9 |
| *Sitzplätze in* | | | | |
| Hotels für eigene Gäste | 216615 | 1949535 | 17.2 | |
| Hotels für auswärtige Gäste | 142757 | 2712383 | 24.0 | |
| Gaststätten für Gäste | 246596 | 6658092 | 58.8 | |
| Sitzplätze Total | 605968 | 11320010 | 100.0 | 8.1 |
| Betten + Sitzplätze Total | | 140159690 | | 100 |

Tabelle 3.5/2
Flächenbedarf der erholungsrelevenaten touristischen Suprastruktur der Schweiz (1986)

## 3.513 Kommentar

Die touristische Suprastruktur der Schweiz beanspruchte um 1985 rund
6% der Siedlungsfläche des Landes. Ähnliche Grössenordnungen weisen
die Industrieflächen (6%), die Grün- und Erholungsanlagen (5%) und die
besonderen Siedlungsflächen (7%) auf. Der weitaus grösste Anteil (92%)
dieser Flächen wurde für die Beherbergung, und innerhalb der Berherbergung für die Ferienhäuser und -wohnungen (73.4%) verbraucht. Damit ist
klar erwiesen, dass für den touristischen Flächenverbrauch in erster Linie
der Zweitwohnungsbau verantwortlich ist.

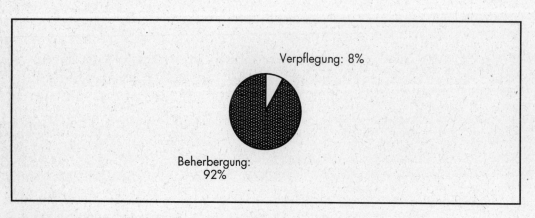

Abb. 3.5/1
Flächenverhältnis zwischen Beherbergung und Verpflegung

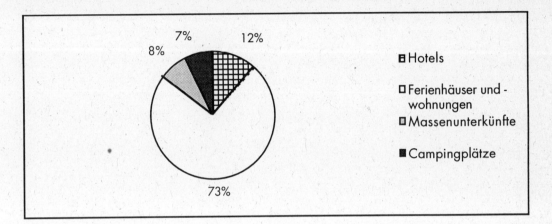

Abb. 3.5/2
Flächenanteile der Berherbergungskategorien

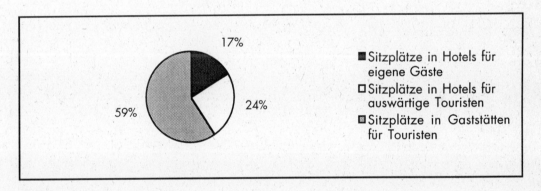

Abb. 3.5/3
Flächenanteile der Verpflegungskategorien

Abschliessend darf generell bemerkt werden, dass der Flächenverbrauch des Erholungstourismus in der Schweiz für die Beherbergung und Verpflegung der Gäste, trotz der grossen wirtschaftlichen Bedeutung des Erholungstourismus, noch als massvoll und damit als tragbar erscheint. (Die Fläche, die für Beherbergung und Verpflegung der erholungsuchenden Touristen verbraucht wurde, ist kleiner als die Gesamtfläche des Kantons Appenzell I. R.). Zu beachten ist allerdings, dass der Flächenbedarf für die Groberschliessung, d.h. für Zufahrtstrassen in die touristischen Regionen sowie für Ver- und Entsorgung, nicht berücksichtigt werden konnte.

## 3.52   Kantonale Übersichten

### 3.521  Flächenverbrauch für Beherbergung

Tabelle 3.5/3 zeigt die Bettenzahlen in den Kantonen, unterteilt nach Betten in Hotels, Ferienhäusern und -wohnungen, Massenbeherbergungsbetrieben und in Campingplätzen.

|     | Hotelbett | FWbett | Massbett | Campbett | BettTot |
|-----|----------:|-------:|---------:|---------:|--------:|
| ZH  | 0 | 0 | 0 | 8292 | 8292 |
| BE  | 30110 | 81897 | 35671 | 36303 | 183981 |
| LU  | 10230 | 12054 | 4628 | 6516 | 33428 |
| UR  | 3271 | 4777 | 6553 | 2085 | 16686 |
| SZ  | 6998 | 9742 | 6321 | 6762 | 29823 |
| OW  | 5475 | 12308 | 6080 | 4497 | 28360 |
| NW  | 2872 | 3263 | 2608 | 675 | 9418 |
| GL  | 1753 | 6671 | 4841 | 1230 | 14495 |
| ZG  | 690 | 1426 | 224 | 2733 | 5073 |
| FR  | 2862 | 17741 | 7084 | 16737 | 44424 |
| SO  | 524 | 8 | 0 | 1575 | 2107 |
| BS  | 0 | 0 | 0 | 0 | 0 |
| BL  | 354 | 379 | 450 | 1605 | 2788 |
| SH  | 329 | 105 | 233 | 438 | 1105 |
| AR  | 2440 | 6807 | 2487 | 0 | 11734 |
| AI  | 1199 | 2202 | 2128 | 1020 | 6549 |
| SG  | 9138 | 29573 | 10340 | 11565 | 60616 |
| GR  | 51246 | 145694 | 32187 | 22320 | 251447 |
| AG  | 790 | 350 | 0 | 3348 | 4488 |
| TG  | 2130 | 1840 | 1179 | 14415 | 19564 |
| TI  | 27430 | 103543 | 14411 | 43440 | 188824 |
| VD  | 18453 | 61262 | 15564 | 38865 | 134144 |
| VS  | 34878 | 227469 | 34944 | 35661 | 332952 |
| NE  | 2194 | 3497 | 5002 | 8580 | 19273 |
| GE  | 0 | 0 | 0 | 3105 | 3105 |
| JU  | 1249 | 4327 | 3338 | 4038 | 12952 |
| CH  | 216615 | 736935 | 196273 | 275805 | 1425628 |

| | |
|---|---|
| Hotbett | = Hotelbett |
| FWbett | = Ferienhaus- und Ferienwohnungsbett |
| Massbett | = Betten in Massenbeherbergungsbetrieben |
| Campbett | = Schlafstellen in Campingplätzen |
| BettTot | = Total aller Gastbetten |

Tabelle 3.5/3
Bettenangebot für den Erholungstourismus nach Kantonen (1985)

| | HotFläche | FWfläche | Massfläche | Campfläche | Totfläche | FWF/TF |
|---|---|---|---|---|---|---|
| ZH | 0 | 0 | 0 | 276400 | 276400 | 0 |
| BE | 2167920 | 10911851 | 1783550 | 1210100 | 16073421 | 67.9 |
| LU | 736560 | 1398019 | 231400 | 217200 | 2583179 | 54.1 |
| UR | 235512 | 735658 | 327650 | 69500 | 1368320 | 53.8 |
| SZ | 503856 | 1433988 | 316050 | 225400 | 2479294 | 57.8 |
| OW | 394200 | 1405997 | 304000 | 149900 | 2254097 | 62.4 |
| NW | 206784 | 502502 | 130400 | 22500 | 862186 | 58.3 |
| GL | 126216 | 1034005 | 242050 | 41000 | 1443271 | 71.6 |
| ZG | 49680 | 219604 | 11200 | 91100 | 371584 | 59.1 |
| FR | 206064 | 2732114 | 354200 | 557900 | 3850278 | 71.0 |
| SO | 37728 | 1232 | 0 | 52500 | 91460 | 1.3 |
| BS | 0 | 0 | 0 | 0 | 0 | |
| BL | 25488 | 58366 | 22500 | 53500 | 159854 | 36.5 |
| SH | 23688 | 16170 | 11650 | 14600 | 66108 | 24.5 |
| AR | 175680 | 1048278 | 124350 | 0 | 1348308 | 77.7 |
| AI | 86328 | 339108 | 106400 | 34000 | 565836 | 59.9 |
| SG | 657936 | 4111642 | 517000 | 385500 | 5672078 | 72.5 |
| GR | 3689712 | 17920362 | 1609350 | 744000 | 23963424 | 74.8 |
| AG | 56880 | 53900 | 0 | 111600 | 222380 | 24.2 |
| TG | 153360 | 283360 | 58950 | 480500 | 976170 | 29.0 |
| TI | 1974960 | 14450058 | 720550 | 1086000 | 18231568 | 79.3 |
| VD | 1328616 | 7607586 | 778200 | 1295500 | 11009902 | 69.1 |
| VS | 2511216 | 27129554 | 1747200 | 1188700 | 32576670 | 83.3 |
| NE | 157968 | 538538 | 250100 | 286000 | 1232606 | 43.7 |
| GE | 0 | 0 | 0 | 103500 | 103500 | 0.0 |
| JU | 89928 | 666358 | 166900 | 134600 | 1057786 | 63.0 |
| CH | 15596280 | 94598250 | 9813650 | 8831500 | 128839680 | 73.4 |

| Hotfläche | = Hotelbettfläche |
|---|---|
| FWfläche | = Ferienhaus- und -wohnungsbettfläche |
| Massfläche | = Bettfläche in Massenbeherbergungsbetrieben |
| Campfläche | = Fläche für Schlafstelle in Campingplätzen |
| Totfläche | = Gesamtfläche für Beherbergung |
| FWF/TF | = Anteil der FWfläche an der Gesamtfläche für die Beherbergung in % |

Tabelle 3.5/4
Flächenverbrauch des Erholungstourismus für Gastbetten nach Kantonen (1985)

Im Unterschied zu den drei erstgenannten Kategorien wurden die Campingplätze gesamtschweizerisch, d.h. auch ausserhalb der Erholungs-regionen erfasst. Aus diesem Grund stimmt die Gesamtzahl der Gastbet-ten nicht mehr mit jener in Tabelle 3.5/1 überein. Aufgrund der Bettenzahlen sind die Kantone Wallis und Graubünden, dann Tessin, Bern und Waadt die führenden erholungstouristischen Kantone. Dabei ist ersichtlich, dass das Wallis seinen ersten Rang der Bettenzahl in den Ferienhäusern und -wohnungen verdankt. Das Hotelbettangebot ist im Kanton Graubünden am grössten, das Bettenangebot in Massenunterkünften im Kanton Bern und jenes an Campingplätzen im Kanton Tessin.

Ausgehend von den ermittelten Bettenzahlen und mit Hilfe der im Kap. 2.53 festgelegten spezifischen Nettosiedlungsflächen pro Kategorie wurden die für die Beherbergung der Erholungsuchenden verbrauchten Flächen in den Kantonen berechnet. Bei den Ferienhäusern und Ferienwohnungen wurde der spezielle Flächenbedarf nach den drei Siedlungstypen berücksichtigt. Tabelle 3.5/4 zeigt das Ergebnis.

Wie schon angedeutet, bilden aufgrund des absoluten Flächenverbrauchs der Beherbergung die Kantone Wallis, Graubünden, Tessin, Bern und Waadt den Kernbereich des Erholungstourismus in der Schweiz mit jeweils mehr als 10 km2 Flächenverbrauch. In die zweite Gruppe gehören die Kantone St. Gallen, Freiburg, Luzern, Obwalden, Schwyz, Glarus, Uri, Neuenburg, Appenzell Ausser Rhoden und Jura, mit einem Flächenverbrauch zwischen 1 und 10 km2. In den übrigen Kantonen beträgt der Flächenverbrauch weniger als 1 km2.

### 3.522 Flächenverbrauch für Verpflegung

Tabelle 3.5/5 zeigt die Zahl der von den auswärtigen Erholungsuchenden beanpruchten Sitzplätze und die hierfür verbrauchten Flächen nach Kantonen. Die massgebenden Kategorien sind die Sitzplätze für Hotelgäste in ihren Hotels, die übrigen Sitzplätze in Hotels für auswärtige Touristen und die Sitzplätze für Touristen in eigenständigen Gaststätten. Bei den beiden letztgenannten Kategorien ist ein Parkplatzbedarf miteinberechnet. Im weiteren ist noch zu beachten, dass die Sitzplätze nur in den Regionen des Erholungstourismus erfasst worden sind. Das ist insofern zu bemängeln, als die für Tagesausflügler bereitgestellten Sitzplätze ebenfalls von Bedeutung sein könnten.

Die Rangordnung der Kantone nach touristischer Bedeutung ist auch aufgrund des Flächenverbrauches für die Sitzplätze weitgehend erhalten geblieben.

| | Hotsitz1 | Hot1F m2 | Hotsitz2 | Hot2F m2 | Gastsitz | GastF m2 | FlächeTot |
|------|----------|----------|----------|----------|----------|----------|-----------|
| ZH | 0 | 0 | 0 | 0 | 0 | 0 | 0 |
| BE | 30110 | 270990 | 22808 | 433352 | 19638 | 530226 | 1234568 |
| LU | 10230 | 92070 | 1597 | 30343 | 2670 | 72090 | 194503 |
| UR | 3271 | 29439 | 2772 | 52668 | 2873 | 77571 | 159678 |
| SZ | 6998 | 62982 | 4011 | 76209 | 6460 | 174420 | 313611 |
| OW | 5475 | 49275 | 3142 | 59698 | 2729 | 73683 | 182656 |
| NW | 2872 | 25848 | 977 | 18563 | 1139 | 30753 | 75164 |
| GL | 1753 | 15777 | 1653 | 31407 | 4227 | 114129 | 161313 |
| ZG | 690 | 6210 | 364 | 6916 | 269 | 7263 | 20389 |
| FR | 2862 | 25758 | 3900 | 74100 | 5988 | 161676 | 261534 |
| SO | 524 | 4716 | 1 | 19 | 2 | 54 | 4789 |
| BS | 0 | 0 | 0 | 0 | 0 | 0 | 0 |
| BL | 354 | 3186 | 257 | 4883 | 185 | 4995 | 13064 |
| SH | 329 | 2961 | 88 | 1672 | 213 | 5751 | 10384 |
| AR | 2440 | 21960 | 1227 | 23313 | 3741 | 101007 | 146280 |
| AI | 1199 | 10791 | 1048 | 19912 | 1941 | 52407 | 83110 |
| SG | 9138 | 82242 | 7373 | 140087 | 12107 | 326889 | 549218 |
| GR | 51246 | 461214 | 28029 | 532551 | 37053 | 1000431 | 1994196 |
| AG | 790 | 7110 | 360 | 6840 | 145 | 3915 | 17865 |
| TG | 2130 | 19170 | 1695 | 32205 | 4921 | 132867 | 184242 |
| TI | 27430 | 246870 | 14938 | 283822 | 47591 | 1284957 | 1815649 |
| VD | 18453 | 166077 | 10583 | 201077 | 17968 | 485136 | 852290 |
| VS | 34878 | 313902 | 32413 | 615847 | 68883 | 1859841 | 2789590 |
| NE | 2194 | 19746 | 1265 | 24035 | 3567 | 96309 | 140090 |
| GE | 0 | 0 | 0 | 0 | 0 | 0 | 0 |
| JU | 1249 | 11241 | 2256 | 42864 | 2286 | 61722 | 115827 |
| CH | 216615 | 1949535 | 142757 | 2712383 | 246596 | 6658092 | 11320010 |

| | |
|---|---|
| Hotsitz1 / Hot1F m2 | = Sitzplätze der Hotelgäste in ihren Hotels / relevante Fläche |
| Hotsitz2 / Hot2F m2 | = Sitzplätze in Hotels für auswärtige Touristen / relevante Fläche |
| Gastsitz / GastF m2 | = Sitzplätze in Gaststätten für Touristen / relevante Fläche |
| Fläche Tot | = Gesamtfläche aller Touristen-Sitzplätze in m2 |

Tabelle 3.5/5
Flächenverbrauch des Erholungstourismus für die Verpflegung nach Kantonen 1985

## 3.523 Flächenverbrauch für die gesamte Suprastruktur

Tabelle 3.5/6 zeigt den Flächenverbrauch der Kantone für die Beherbergung und die Verpflegung der Erholungsuchenden insgesamt. Weiter können ihr die Relationen zwischen dem Flächenverbrauch für Betten und dem für Sitzplätze sowie zwischen dem Flächenverbrauch und der Siedlungsfläche entnommen werden. Schliesslich enthält sie auch den Flächenverbrauch pro Gastbett.

|     | Bettfläche B | Sitzfläche S | Totalfläche TF | B/(B+S) | TF/SF | TF/Bett |
|-----|-------------|-------------|----------------|---------|-------|---------|
| ZH  | 276400      | 0           | 276400         | 100.0   | 0.1   | 33      |
| BE  | 16142297    | 1231158     | 17373455       | 92.9    | 5.0   | 94      |
| LU  | 2589662     | 192881      | 2782543        | 93.1    | 2.7   | 83      |
| UR  | 1373097     | 159604      | 1532701        | 89.6    | 9.6   | 92      |
| SZ  | 2489036     | 314089      | 2803125        | 88.8    | 6.9   | 94      |
| OW  | 2259100     | 181866      | 2440966        | 92.5    | 18.5  | 86      |
| NW  | 865449      | 74771       | 940220         | 92.0    | 8.1   | 100     |
| GL  | 1443271     | 162575      | 1605846        | 89.9    | 10.3  | 111     |
| ZG  | 373010      | 20260       | 393270         | 94.8    | 1.6   | 78      |
| FR  | 3868019     | 262838      | 4130857        | 93.6    | 4.1   | 93      |
| SO  | 91468       | 4659        | 96127          | 95.2    | 0.1   | 46      |
| BS  | 0           | 0           | 0              | 0       | 0     | 0       |
| BL  | 160233      | 13004       | 173237         | 92.5    | 0.3   | 62      |
| SH  | 66213       | 10386       | 76599          | 86.4    | 0.4   | 69      |
| AR  | 1355115     | 147234      | 1502349        | 90.2    | 8.9   | 128     |
| AI  | 568038      | 83519       | 651557         | 87.2    | 11.0  | 99      |
| SG  | 5701651     | 551144      | 6252795        | 91.2    | 4.1   | 103     |
| GR  | 24058536    | 1992904     | 26051440       | 92.4    | 23.3  | 104     |
| AG  | 222730      | 17650       | 240380         | 92.7    | 0.1   | 54      |
| TG  | 978010      | 185746      | 1163756        | 84.0    | 1.2   | 59      |
| TI  | 18318339    | 1828853     | 20147192       | 90.9    | 16.6  | 107     |
| VD  | 11051678    | 854015      | 11905693       | 92.8    | 5.1   | 89      |
| VS  | 32716683    | 2807209     | 35523892       | 92.1    | 27.4  | 107     |
| NE  | 1236103     | 141009      | 1377112        | 89.8    | 2.6   | 71      |
| GE  | 103500      | 0           | 103500         | 100.0   | 0.1   | 33      |
| JU  | 1062113     | 116094      | 1178207        | 90.1    | 3.3   | 91      |
| CH  | 129369751   | 11353465    | 140723216      | 91.9    | 5.8   | 99      |

Bezugseinheit: Flächen sowie Flächen pro Bett in m2; übrige Relationen in %

Tabelle 3.5/6
Flächenverbrauch für die touristische Suprastruktur und dessen Kenngrössen nach Kantonen 1986

Wie schon gesamtschweizerisch, dominiert auch bei den Kantonen der Flächenverbrauch für die Gastbetten. Das bedeutet, dass die Bewertung der touristischen Bedeutung der Kantone aufgrund ihrer Gastbettenzahl bzw. des Flächenverbrauches für Gastbetten generell gültig sein dürfte. Einen wichtigen Indikator für die relative touristische Bedeutung der Kantone stellt der Anteil der verbrauchten Flächen an den Siedlungsflächen dar. Danach ist wiederum der Kanton Wallis der bedeutendste touristische Kanton der Schweiz, gefolgt von den Kantonen Graubünden, Obwalden und Tessin. Mittlere Ränge belegen die beiden Appenzell, Uri, Glarus, Nidwalden, Schwyz, Waadt und Bern. Von den übrigen Kantonen sind noch Freiburg, Luzern, St. Gallen, Jura und Neuenburg erwähnenswert.

Der Flächenverbrauch für die erholungstouristische Suprastruktur pro Gastbett bewegt sich in den Kantonen zwischen 33 und 128 m2, wobei der tiefste Wert nur die spezifische Grösse der Schlafstellen in Campingplätzen anzeigt. Die wichtigsten touristischen Kantone haben einen Wert zwischen 100 und 110 m2.

### 3.524 Kommentar

Im Unterschied zum gesamtschweizerischen Eindruck, dass der Flächenverbrauch für die Suprastruktur des Erholungstourismus durchaus im Rahmen bleibt, zeigen die kantonalen Auswertungen ein wesentlich anderes Bild: In einigen Kantonen wurden für diesen Zweck - gemessen an der Siedlungsfläche des Kantons - erhebliche Flächenanteile verbraucht.

Im Kanton Wallis beträgt dieser Anteil beinahe einen Drittel der Siedlungsfläche. In den Kantonen Graubünden und Wallis wurden um einen Viertel und im Kanton Tessin etwa ein Fünftel der Siedlungsfläche für touristische Zwecke verbaut. Mehr als 90% dieser Flächen werden von den Betrieben der Beherbergung in Anspruch genommen. Innerhalb der Beherbergungsbetriebe verbrauchten die Ferienhäuser und -wohnungen im Wallis 83%, in Appenzell Ausser Rhoden 78%, in Graubünden 75%, in St. Gallen 73%, in Glarus 72% und im Tessin 79% der beanspruchten Fläche.

Die Ergebnisse bestätigen die allgemeine Meinung, dass der Zweitwohnungsbau stark an den Ressourcen zehrt. Sie zeigen zugleich das Feld an, wo Massnahmen zum sparsamen bzw. haushälterischen Umgang mit dem Boden zum Erfolg führen könnten.

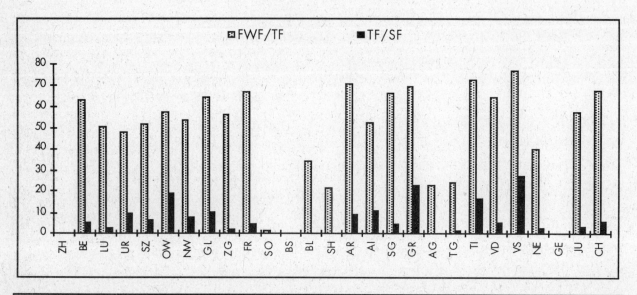

FWF/ TF = Ferienhaus- und Ferienwohnungsfläche/ Fläche der touristischen Suprastruktur in %

TF/ SF   = Fläche der touristischen Suprastruktur/ Siedlungsfläche in %

Abb. 3.5/4
Wichtige Kenngrössen der touristischen Suprastruktur

## 3.53  Ausgewählte Regionen und Gemeinden

### 3.531 Flächenverbrauch in Regionen

Die Informationen über Sitzplätze können nur kantonal und gesamt-schweizerisch ausgewertet werden. Die regionalen und kommunalen Bei-spiele berücksichtigen daher nur die Flächen für die Beherbergung. Da jedoch, wie schon erwähnt wurde, der Anteil der Gastbettenflächen am Gesamtverbrauch für die erholungstouristische Suprastruktur gegen 90% und mehr beträgt, kann diese Einschränkung ohne Bedenken hingenommen werden.

Tabelle 3.5/7 zeigt die Gastbettenzahlen der Beherbergungskate-gorien in einigen ausgewählten Bezirken. Bei dieser Auswahl haben wir vier "Typregionen" berücksichtigt, nämlich Bergregionen mit Wintersportmög-lichkeiten, Bergregionen praktisch ohne Wintersport, Voralpen- und Juregionen und schliesslich Seeregionen. Die Bergregionen mit Wintersportmög-lichkeit kennzeichnen die touristischen Regionen mit Jahresbetrieb, d.h. solche, die Gäste sowohl im Winter als auch im Sommer beherbergen. In der Regel befinden sich diese Regionen in den Alpen. Die Bergregionen ohne Wintersport werden vornehmlich in der warmen Jahreszeit frequentiert. Sie sind meist auf der Alpensüdseite zu finden. In den Voralpen- und Juraregionen ist der Wintersport ebenfalls nicht von grosser Bedeutung. Sie werden also vornehmlich in der warmen Jahreszeit besucht. Die Seeregionen schliesslich sind Regionen mit Badeorten an Seen. Sie werden vor allem im Sommer stark frequentiert.

| Region | Hotbett | FWbett | Massbett | CampBett | BettTot |
|---|---|---|---|---|---|
| *Bergregionen mit Wintersport* | | | | | |
| Davos/Klosters (Oberlandquart) | 10469 | 23931 | 3644 | 1050 | 39094 |
| Maloja | 12888 | 28542 | 5987 | 4050 | 51467 |
| Visp | 11977 | 30321 | 5239 | 3300 | 50837 |
| *Bergregionen ohne Wintersport* | | | | | |
| Poschiavo | 859 | 2287 | 660 | 525 | 4331 |
| Blenio | 325 | 4070 | 1804 | 840 | 7039 |
| Vallemaggia | 325 | 5245 | 849 | 1680 | 8099 |
| *Voralpen/Jura-Regionen* | | | | | |
| Vorderland AR | 874 | 2736 | 495 | 0 | 4105 |
| Franches Montagnes | 662 | 2507 | 1322 | 1020 | 5511 |
| Schwarzenburg | 293 | 1673 | 1078 | 90 | 3134 |
| *Seeregionen* | | | | | |
| Kreuzlingen | 843 | 392 | 433 | 4365 | 6033 |
| Boudry | 544 | 1169 | 1546 | 1575 | 4834 |
| Vevey | 5602 | 6597 | 1822 | 345 | 14366 |

Abkürzungen: siehe Tabelle 3.5/3

Tabelle 3.5/7
Anzahl der Betten in den ausgewählten Bezirken 1985

Tabelle 3.5/8 enthält die entsprechenden Flächen für die Gastbetten in den ausgewählten Bezirken. In den Angaben für die Ferienhäuser und Ferienwohnungen sind die spezifischen Flächenbedarfe der Orte mit städtischem, halbstädtischem und ländlichem Charakter mitberücksichtigt.

Basierend auf den beiden Tabellen sowie auf den Siedlungsflächen in den Bezirken wurden einige Relationen berechnet, die aus Tabelle 3.5/9 ersichtlich sind.

Zuerst wurde der Anteil der touristisch benutzten Flächen an der Siedlungsfläche in den Regionen ermittelt. In den Wintersportregionen ist dieser Anteil relativ gross: Das Siedlungsgebiet kann bis zur Hälfte touristischen Zwecken gewidmet sein. In den Bergregionen ohne Wintersport kann dieser Anteil bis zu einem Fünftel der Siedlungsfläche betragen. Auffällig kleine Anteile zeigen die Seeregionen: Es scheint, dass in diesen die touristische Suprastruktur nicht merkbar in Erscheinung tritt.

| Region | Hotfläche | FWFläche | Massfläche | Campfläche | Totfläche |
|---|---|---|---|---|---|
| *Bergregionen mit Wintersport* | | | | | |
| Davos/Klosters (Oberlandquart) | 753768 | 2350332 | 182200 | 35000 | 3321300 |
| Maloja | 927936 | 3440408 | 299350 | 135000 | 4802694 |
| Visp | 862344 | 3715804 | 261950 | 110000 | 4950098 |
| *Bergregionen ohne Wintersport* | | | | | |
| Poschiavo | 61848 | 263198 | 33000 | 17500 | 375546 |
| Blenio | 23400 | 626780 | 90200 | 21000 | 761380 |
| Vallemaggia | 23400 | 807730 | 42450 | 42000 | 915580 |
| *Voralpen/Jura-Regionen* | | | | | |
| Vorderland AR | 62928 | 421344 | 24750 | 0 | 509022 |
| Franches Montagnes | 47664 | 386078 | 66100 | 34000 | 533842 |
| Schwarzenburg | 21096 | 257642 | 53900 | 3000 | 335638 |
| *Seeregionen* | | | | | |
| Kreuzlingen | 60696 | 60368 | 21650 | 145500 | 288214 |
| Boudry | 39168 | 180026 | 77300 | 52500 | 348994 |
| Vevey | 403344 | 767703 | 91100 | 11500 | 1273647 |

Für Abkürzungen siehe Tabelle 3.5/4

Tabelle 3.5/8
Flächenverbrauch des Erholungstourismus für Gastbetten nach ausgewählten Regionen

Die zweite Auswertung ergab den Anteil der Ferienhaus- und Ferienwohnungsflächen am Gesamtverbrauch für Gastbetten. Die Bergregionen mit Wintersportmöglichkeiten zeigen ein relativ homogenes Bild mit Werten um 70 bis 75%. Die Bergregionen ohne Wintersportmöglichkeiten haben ähnliche Werte, wobei das Minimum 70% und das Maximum über 88% beträgt. Auch die Jura- und Voralpenregionen erreichen Werte zwischen 77 und 83%. Stark differenzierte, aber massgeblich tiefere Werte haben die Seeregionen, wobei der Bezirk Kreuzlingen mit dem tiefsten Wert von 20.9% deutlich aus dem Rahmen fällt.

Drittens wurde der Flächenverbrauch pro Gastbett errechnet. In den Bergregionen mit Wintersport beträgt dieser Wert gegen 100 m2. Die Bergregionen ohne Wintersport sowie der Jura und die Voralpen haben einen ähnlichen Mittelwert, jedoch mit einer breiteren Streuung. Die Seeregionen zeigen eher tiefere Werte.

| Region | BH/SF | FW/BH | BH/Bett |
|---|---|---|---|
| *Bergregionen mit Wintersport* | | | |
| Davos/Klosters (Oberlandquart) | 30.7 | 70.8 | 94.6 |
| Maloja | 37.0 | 71.6 | 93.3 |
| Visp | 48.4 | 75.1 | 97.4 |
| *Bergregionen ohne Wintersport* | | | |
| Poschiavo | 9.0 | 70.1 | 86.7 |
| Blenio | 13.6 | 82.3 | 108.2 |
| Vallemaggia | 18.3 | 88.2 | 113.0 |
| *Voralpen/Jura-Regionen* | | | |
| Vorderland AR | 11.4 | 82.8 | 124.0 |
| Franches Montagnes | 8.7 | 72.3 | 96.9 |
| Schwarzenburg | 5.9 | 76.8 | 107.1 |
| *Seeregionen* | | | |
| Kreuzlingen | 2.1 | 20.9 | 47.8 |
| Boudry | 3.1 | 51.6 | 72.2 |
| Vevey | 7.4 | 60.3 | 88.7 |

BH/SF   = Anteil der touristisch beanspruchten Bettfläche an der Siedlungsfläche in %
FW/BH   = Anteil der Ferienhaus- und Ferienwohnungsfläche an der touristisch beanspruchten
          Bettfläche in %
BH/Bett = Flächenbeanspruchung pro Gastbett in m2

Tabelle 3.5/9
Kennzahlen des Flächenverbrauches für Gastbetten in ausgewählten Bezirken

## 3.532 Kommentar zur regionalen Situation

In touristischen Regionen mit intensiver Nutzung hat die touristische Suprastruktur einen hohen Flächenanteil, wobei dieser Flächenanteil zur Hauptsache von den Ferienhäusern und -wohnungen beansprucht wird. Es fällt auf, dass dieser Anteil in Seeregionen massgeblich kleiner ist, und zwar namentlich in Regionen mit einem grossen Campingplatzangebot. Der Flächenverbrauch beträgt pro Gastbett etwa 100 m2. Er ist grösser in Regionen ohne Campingplätze bzw. mit wenig Campingplätzen (Vorderland AR) und massgeblich kleiner in Regionen mit einem grossen Campingplatzangebot (Bezik Kreuzlingen). Zum Flächenverbrauch pro Bett ist noch zu sagen, dass die Werte der eigentlichen Suprastruktur, d.h. für Berherbergung und Verpflegung, um etwa 10% höher liegen dürften.

Die regionalen Auswertungen bestätigen, dass das Sparpotential beim Flächenverbrauch generell bei den Ferienhäusern und -wohnungen liegt. Sie zeigen auch die Wirkung des Campingtourismus: Er vermindert massgeblich den Flächenverbrauch pro Gastbett. Zelt- und Wohnwagenplätze werden allerdings eher nur in der warmen Jahreszeit benutzt, obschon Wohnwagenplätze in Skigebieten auch im Winter belegt werden.

### 3.533 Flächenverbrauch in Gemeinden

Wie schon bei den Bezirken so konnten auch bei den Gemeinden im Rahmen der Auswertung nur die Gastbetten berücksichtigt werden. Für die Auswahl der Gemeinden war die vorherige Typisierung der Regionen massgebend. Gewählt wurden Gemeinden aus den vier Typregionen und zum Teil aus den vorhin ausgewerteten Bezirken.

| Gemeinde | Hotbett | FWbett | Massbett | Campbett | BettTot |
|---|---|---|---|---|---|
| *In Bergregionen mit Wintersport* | | | | | |
| Davos | 8000 | 13826 | 1446 | 990 | 24262 |
| Klosters | 1770 | 6100 | 856 | 0 | 8726 |
| St. Moritz | 5960 | 6500 | 270 | 450 | 13180 |
| Pontresina | 2300 | 2084 | 706 | 600 | 5690 |
| Grindelwald | 2590 | 5551 | 1688 | 1320 | 11149 |
| Hasliberg | 512 | 2984 | 610 | 0 | 4106 |
| Zermatt | 5802 | 10558 | 834 | 150 | 17344 |
| Bellwald | 194 | 2791 | 74 | 45 | 3104 |
| *In Bergregionen ohne Wintersport* | | | | | |
| Poschiavo | 776 | 2225 | 660 | 525 | 4186 |
| Olivone TI | 178 | 1290 | 562 | 160 | 2190 |
| Cevio TI | 44 | 222 | 232 | 0 | 498 |
| Gordevio TI | 34 | 320 | 0 | 1240 | 1594 |
| *In den Voralpen/Im Jura* | | | | | |
| Heiden AR | 413 | 188 | 248 | 0 | 849 |
| Wald AR | 18 | 410 | 55 | 0 | 483 |
| Les Bois JU | 71 | 188 | 186 | 0 | 445 |
| Muriaux JU | 50 | 160 | 195 | 300 | 705 |
| Rueschegg BE | 147 | 765 | 973 | 90 | 1975 |
| *In Seeregionen* | | | | | |
| Kreuzlingen | 291 | 77 | 432 | 750 | 1550 |
| Scherzingen TG | 143 | 112 | 0 | 555 | 810 |
| Gorgier NE | 136 | 277 | 47 | 0 | 460 |
| Colombier NE | 61 | 80 | 852 | 1200 | 2193 |
| Montreux | 3970 | 3705 | 1410 | 0 | 9085 |
| Chardonne VD | 342 | 540 | 0 | 255 | 1137 |
| Ascona | 2302 | 4440 | 332 | 3000 | 10074 |

Für Abkürzungen siehe Tabelle 3.5/3

Tabelle 3.5/10
Anzahl der Betten in ausgewählten Gemeinden (1985)

Tabelle 3.5/10 zeigt die Bettenzahlen in den ausgewählten Gemeinden. Der daraus errechnete Flächenverbrauch nach den Beherbergungskategorien ist aus Tabelle 3.5/11 ersichtlich. Der Ortstyp (städtisch, halbstädtisch und ländlich) wurde bei der Schätzung der Flächen für Ferienhäuser und -wohnungen direkt berücksichtigt.

| Gemeinde | Hotfläche | FWfläche | Massfläche | Campfläche | Totfläche |
|---|---|---|---|---|---|
| *Bergregion mit Wintersport* | | | | | |
| Davos** | 576000 | 1202862 | 72300 | 33000 | 1884162 |
| Klosters** | 127440 | 530700 | 42800 | 0 | 700940 |
| St. Moritz** | 429120 | 565500 | 13500 | 15000 | 1023120 |
| Pontresina* | 165600 | 237576 | 35300 | 20000 | 458476 |
| Grindelwald** | 186480 | 482937 | 84400 | 44000 | 797817 |
| Hasliberg* | 36864 | 340176 | 30500 | 0 | 407540 |
| Zermatt** | 417744 | 918546 | 41700 | 5000 | 1382990 |
| Bellwald | 13968 | 429814 | 3700 | 1500 | 448982 |
| *Bergregion ohne Wintersport* | | | | | |
| Poschiavo* | 55872 | 253650 | 61050 | 17500 | 388072 |
| Olivone TI | 12816 | 198660 | 51985 | 4000 | 267461 |
| Cevio TI | 3168 | 34188 | 21460 | 0 | 58816 |
| Gordevio TI | 2448 | 49280 | 0 | 31000 | 82728 |
| *Voralpen/Jura-Regionen* | | | | | |
| Heiden AR | 29736 | 28952 | 12400 | 0 | 71088 |
| Wald AR | 1296 | 63140 | 2750 | 0 | 67186 |
| Les Bois JU | 5112 | 28952 | 9300 | 0 | 43364 |
| Muriaux JU | 3600 | 24640 | 9750 | 10000 | 47990 |
| Rueschegg BE | 10584 | 117810 | 48650 | 3000 | 180044 |
| *Seeregionen* | | | | | 0 |
| Kreuzlingen | 20952 | 11858 | 21600 | 25000 | 79410 |
| Scherzingen TG | 10296 | 17248 | 0 | 18500 | 46044 |
| Gorgier NE | 9792 | 42658 | 2350 | 0 | 54800 |
| Colombier NE | 4392 | 12320 | 42600 | 40000 | 99312 |
| Montreux** | 285840 | 322335 | 70500 | 0 | 678675 |
| Chardonne VD | 24624 | 83160 | 0 | 8500 | 116284 |
| Ascona** | 165744 | 386280 | 16600 | 75000 | 643624 |

> Für Abkürzungen siehe Tabelle 3.5/4
> \* = Ort mit halbstädtischem Charakter
> \*\* = Ort mit städtischem Charakter

Tabelle 3.5/11
Flächenverbrauch für Gastbetten in ausgewählten Gemeinden (1985)

In beiden Tabellen sind einige "Touristenorte mit Weltrang" zu sehen. Dabei steht Davos an der Spitze, sowohl bei den Hotelbetten als auch bei den Freizeitwohnungen. Entsprechend ist der Flächenverbrauch ebenfalls in Davos am grössten. Es folgen Zermatt und St. Moritz. In der Tabelle fällt auf, dass in den Bergregionen ohne Wintersport sowie in den Voralpen und im Jura eher nur Touristenorte mit ländlichem Charakter anzutreffen sind.

| Gemeinde | BH/SF | FW/BH | BH/Bett |
|---|---|---|---|
| *In Bergregionen mit Wintersport* | | | |
| Davos** | 38.8 | 63.8 | 77.7 |
| Klosters** | 33.1 | 75.7 | 80.3 |
| St. Moritz** | 47.8 | 55.3 | 77.6 |
| Pontresina* | 27.8 | 51.8 | 80.6 |
| Grindelwald** | 32.3 | 60.5 | 71.6 |
| Hasliberg* | 44.8 | 83.5 | 99.3 |
| Zermatt** | 104.0 | 66.4 | 79.7 |
| Bellwald | 89.8 | 95.7 | 144.6 |
| *In Bergregionen ohne Wintersport* | | | |
| Poschiavo* | 12.0 | 65.4 | 92.7 |
| Olivone TI | 23.3 | 74.3 | 122.1 |
| Cevio TI | 11.3 | 58.1 | 118.1 |
| Gordevio TI | 30.6 | 59.6 | 51.9 |
| *In den Voralpen/im Jura-Regionen* | | | |
| Heiden AR | 6.5 | 40.7 | 83.7 |
| Wald AR | 25.8 | 94.0 | 139.1 |
| Les Bois JU | 5.7 | 66.8 | 97.4 |
| Muriaux JU | 13.7 | 51.3 | 68.1 |
| Rueschegg BE | 14.2 | 65.4 | 91.2 |
| *In Seeregionen* | | | |
| Kreuzlingen | 1.8 | 14.9 | 51.2 |
| Scherzingen TG | 3.1 | 37.5 | 56.8 |
| Gorgier NE | 7.3 | 77.8 | 119.1 |
| Colombier NE | 6.7 | 12.4 | 45.3 |
| Montreux** | 13.7 | 47.5 | 74.7 |
| Chardonne VD | 8.6 | 71.5 | 102.3 |
| Ascona** | 12.3 | 60.0 | 63.9 |

Für Abkürzungen siehe Tabelle 3.5/9
Für **) und *) siehe Tabelle 3.5/11

Tabelle 3.5/12
Kennzahlen des Flächenverbrauches für Gastbetten in ausgewählten Gemeinden (1985)

Tabelle 3.5/12 enthält wiederum einige Kennzahlen des kommunalen Flächenverbrauches für die Beherbergung der Gäste. Wie schon bei den Regionen zeigt die erste Kolonne den Anteil der Flächen für die Beherbergung der Gäste an der Siedlungsfläche. Die zweite Kolonne enthält die Relationen zwischen Ferienhaus- und Ferienwohnungsflächen und Beherbergungsflächen in %. In der dritten Kolonne sind die verbrauchten Beherbergungsflächen pro Bett dargestellt.

### 3.534 Kommentar zur kommunalen Situation

Je feiner die Optik, d.h. je konkreter die Betrachtungsebene (Bund -> Kanton -> Region -> Gemeinde) wird, desto grösser ist der Anteil der touristischen Suprastruktur an der Siedlungsfläche und desto mehr differieren die Flächenanteile der Ferienhäuser und -wohnungen an der Fläche der touristischen Suprastruktur und auch die Pro-Kopf-Werte pro Gastbett.

Bei der Betrachtung der Flächenanteile der Suprastruktur an der Siedlungsfläche fällt auf, dass die zwei Berggemeinden mit Wintersport aus dem Kanton Wallis sehr hohe Werte aufweisen, wobei der Wert der Gemeinde Zermatt sogar über 100% hinausgeht! Eine erste Erklärung hierfür könnte in der veralteten Arealstatistik dieser Gemeinden liegen. Bekanntlich datiert die jüngste Arealstatistik der Schweiz aus den Jahren 1979 bis 1985, sodass es durchaus möglich sein könnte, dass die Siedlungsflächen in Kanton Wallis noch in den siebziger Jahren erhoben wurden. Zweitens könnten die erhöhten Werte mit den eingesetzten zu hohen Werten für den spezifischen Flächenbedarf der einzelnen Bettkategorien im Kapitel 2.532 erklärt werden. Tatsache ist jedoch, dass die gleichen Richtwerte in anderen Kantonen durchaus überzeugende Resultate lieferten, und ihre Gültigkeit in einem Fall sogar belegt werden konnte[1]. Dies spricht gegen die zweite Annahme. Drittens könnte auch zutreffen, dass der Kanton Wallis mit dem Bodenverbrauch für touristische Zwecke, speziell für Ferienhäuser und -wohnungen, sparsam umgeht[2].

Bezüglich des Verhältnisses der Ferienhaus- und Ferienwohnungsflächen zur Gesamtfläche für Beherbergung ist zu sagen, dass dieser Anteil überall dort hoch ist, wo keine oder nur kleinere Campingplätze vorhanden

---

[1] Im Rahmen der MAB-Projekte in der Schweiz hat man auch die Nutzungsordnung der Gemeinde Grindelwald näher untersucht. Als Ergebnis wurde der Anteil der Flächen für Beherbergung (ohne Massenbetrieb) mit 30% ermittelt. Siehe: Müller, H.-R.: Tourismus in Berggemeinden: Nutzen und Schaden. Schlussberichte zum Schweiz. MAB-Programm, Nr. 19. Bern 1986. S. 79

[2] Konkret würde das bedeuten, dass für ein Gastbett im Kanton Wallis weniger Fläche verbraucht wurde, als im Kap. 2.532 angenommen.

sind. In den Bergregionen bewegt sich dieser Wert im "Normalfall" um 50 bis 70%. In den Seeregionen ist die Spanne viel grösser: Sie liegt zwischen 15 und 80%. Zum Flächenverbrauch pro Bett in den Gemeinden ist zu bemerken, dass dieser Wert generell kleiner ist als jener in den kantonalen und regionalen Analysen. In Berggemeinden mit Wintersport haben wir Werte zwischen 70 und 80 m2 pro Bett, sofern der Ferienhaus- und Ferienwohnungsanteil nicht überdurchschnittlich ist (wie z.B. in Bellwald!). In Berggemeinden ohne Wintersport ist die Streuung gross, wobei Werte über 100 m2 pro Bett auf ein fehlendes oder ein kleines Campingplatzangebot hinweisen. Das gleiche gilt für die Gemeinden in den Voralpen und im Jura. In der Seeregion haben die touristischen Gemeinden meist tiefere Werte (50 bis 70 m2 pro Bett), wobei ein fehlendes Campingplatzangebot auch hier zu höheren Werten (bis 120 m2) führt.

Zum Flächenverbrauch pro Bett ist auch hier noch zu sagen, dass Berechnungen nur die Beherbergung erfassten, sodass die Werte für die eigentliche Suprastruktur, d.h. für Berherbergung und Verpflegung, um etwa 10% höher liegen dürften.

### 3.54 Zusammenfassung und Folgerungen

Bis 1985 wurden in der Schweiz für die Suprastruktur (Beherbergung und Verpflegung) des Erholungstourismus etwa 14'016 ha Fläche verbraucht. Bezogen auf die Landesfläche ergibt das weniger als ein halbes Prozent, bezogen auf das Siedlungsgebiet der Schweiz schon 5.8%. Nach den Kantonen differenziert zeigt sich ein sehr buntes Bild: In den bekannten Touristen-Kantonen (Wallis, Graubünden, Tessin) wurde ein bedeutender Teil (bis 27.3%) des Siedlungsgebietes von der touristischen Suprastruktur beansprucht, während in anderen Kantonen dieser Anteil unter 1% lag. Noch grösser war der Flächenanteil der touristischen Suprastruktur an der Siedlungsfläche in Bezirken und Gemeinden, in denen der Erholungstourismus während des ganzen Jahres vorherrscht. So betrug dieser Anteil in einer Region des Oberengadins (Bezirk Maloja) 37% und im Bezirk Visp des Kantons Wallis sogar 48.4%. Die Gemeinden St. Moritz oder Hasliberg hatten einen Anteil gegen 50%, Bellwald und Zermatt über 50%.

Der Hauptanteil der für die touristische Suprastruktur verwendeten Flächen wurde vom Beherbergungsgewerbe beansprucht. Für die Verpflegung der Gäste wurden gesamtschweizerisch nur etwa 8%, in den Kantonen 5 bis 16% der Siedlungsfläche eingesetzt. Innerhalb der Beherbergung verbrauchte der Zweitwohnungsbau (Ferienhäuser, -wohnungen, Privatzimmer) die weitaus grösste Fläche. Sein Anteil betrug gesamtschweizerisch 73.4 %. In einigen Kantonen ging dieser Wert sogar über 80%. Von den Hotels wurden in der Schweiz 12%, von den Massenunterkünften (Gruppenunterkünfte, Jugendherbergen und SAC-Hütten) 8% und von den Campingplätzen 7% der für die Beherbergung verwendeten Flächen genutzt.

Das Gesamtangebot an Sitzplätzen verteilte sich zu 41% auf Betriebe in der Hotellerie und zu 59% auf die eigentlichen Gaststättenbetriebe. Die Sitzplätze wurden in erster Linie von der einheimischen Bevölkerung beansprucht. Nur in den Verpflegungsstätten der Hotellerie überwogen die Gäste.

Wir dürfen davon ausgehen, dass die erholungstouristische Suprastruktur in der Schweiz im Durchschnitt um 100 m2 pro Gastbett verbraucht. Massgeblich kleiner ist dieser Wert in Kantonen, Bezirken und Gemeinden mit einem grossen Campingplatzangebot, bedeutend höher in Kantonen, Bezirken und Gemeinden mit einem grossen Anteil an Ferienhäusern und Ferienwohnungen bzw. in solchen, in denen kein Campingplatz angeboten wird.

Kritische Beobachter der aktuellen Landschaftsentwicklung sehen im Tourismus, und speziell in der Suprastruktur des Tourismus, einen der Hauptverantwortlichen für "die friedliche Zerstörung" unserer Landschaften[1]. Die Analysen dieser Studie haben gezeigt, dass ihr Vorwurf gesamtschweizerisch nicht haltbar ist, jedoch mindestens für drei Kantone: Wallis, Graubünden und Tessin, mehr oder weniger zutreffen dürfte. Es konnte auch gezeigt werden, dass für den gesteigerten Bodenverbrauch durch die touristische Suprastruktur vor allem der Zweitwohnungsbau verantwortlich ist. Daraus folgt, dass für die Bemühungen um die haushälterische Nutzung des Bodens durch den Tourismus der Zweiwohnungsbau ein bedeutendes Potential darstellt.

Im weiteren soll erwähnt werden, dass für Diskussionen über die künftige räumliche Entwicklung eines Ortes oder einer Region die Kenngrösse von 100 m2 pro Gastbett sehr informativ sein könnte. Ein Verzicht auf Ferienhauszonen mit tiefen Ausnützungsziffern würde diesen Wert erheblich verkleinern. Eine ähnliche Wirkung würde ein vergrössertes Campingplatzangebot zur Folge haben[2].

---

[1] Vgl. die Werke der schon zitierten Autoren Hans Weiss und Jost Krippendorf.
[2] Natürlich sind aber Hotel- bzw. Parahotelbetten mit Schlafstellen der Campingplätze nicht ganz „austauschbar".

# 4. Synthese

## 4.1 Rahmen der Auswertung

### 4.11 Aufgabenstellung

Nachdem die einzelnen Teiluntersuchungen und deren Ergebnisse vorgestellt und kommentiert wurden, stellt sich die Frage nach der Gesamtfläche der Grundnutzungen für Sport, Erholung und Tourismus und damit nach dem Zusammenbau der Resultate. Diese Synthese wird im folgenden auf gesamtschweizerischer und kantonaler Stufe vorgestellt. Die regionale und die kommunale Stufe konnten aus Gründen der heterogenen Auswahl und Abgrenzung der Bezugsflächen nur indirekt berücksichtigt werden. Abschliessend werden die Aussagen der Synthese auf ihre Aktualität und Gültigkeit überprüft. Danach folgt eine grobe Vorausschau auf die künftige Entwicklung. Zuerst sollen aber weitere Rahmenbedingungen der Aggregation vorgestellt werden.

### 4.12 Gegenstand der Auswertung

Die Ergebnisse der 5 Teiluntersuchungen wurden aufgrund ihrer Beziehungen zueinander in drei Gruppen unterteilt:

a) Unabhängige, sich gegenseitig ergänzende Resultate

b) identische, sich vollständig überlagernde Resultate und

c) zum Teil gleichartige, sich nur teilweise überlagernde Resultate.

Die Resultate in der ersten Gruppe kennzeichnen vollständig unabhängige Unterkategorien der Bodennutzung für Sport, Erholung und Tourismus. Es handelt es sich dabei um die beanspruchten Flächen durch Spielwiesen, öffentliche Parkanlagen, Familengärten, Spazier- und Wanderwege, Bahnflächen, Hotelbetten, Parahotelleriebetten und Sitzplätze für Touristen. Die Teiluntersuchungen hatten im Grunde solche funktional eindeutig definierten Flächen zu erfassen. Eine Untergruppe bildeten hierbei die Hallen für Sport, Spiel und Erholung, bei denen nur die Netto-Nutzflächen geschätzt wurden und deshalb zu korrigieren waren.

Die zweite Gruppe umfasst Resultate, die sich auf identische Nutzungen beziehen, indem sie sich inhaltlich vollständig überlappen. Dass sie dennoch nicht die gleichen Grössenordnungen aufweisen, ist entweder auf die Methodik, oder auf den Zeitpunkt der Erhebung zurückzuführen. Die Resultate über die Campingplätze aus der Auswertung der Arealstatistik der Schweiz 1979/85 und der Touristischen Beherbergungsmöglichkeiten der Schweiz (1986) zeigen die methodisch begründeten Unterschiede, diejenige über die Golfplätze aus der Arealstatistik und aus jüngeren direkten Studien bzw. Zusammenstellungen die durch den Erhebungszeitpunkt bedingten Unterschiede.

Die dritte Gruppe erfasst Resultate, die sich teilweise überlagern. Es ist nicht möglich, diese Überlagerungen eindeutig abzugrenzen. Ein gutes Beispiel dafür sind die Flächen der offenen Sportanlagen gemäss Arealstatistik der Schweiz 1979/85 und die diesbezüglichen Werte der Erhebung über Turn-, Spiel- und Sportanlagen in der Schweiz aus dem Jahre 1986. Wie im Kapitel 2.12 festgehalten, wurden in der Unterkategorie der offene Sportanlagen Einrichtungen wie Fussballplätze, Tennisanlagen, Freibäder und andere Anlagen zusammengefasst. Die offenen Sportanlagen dienen also zum Teil ausschliesslich sportlichen Zwecken (Fussball), teils sind sie praktisch als reine Erholungsanlagen (Freibad) einzustufen, teils erfüllen sie sowohl sportliche als auch Erholungsfunktionen. In der Erhebung über die Turn-, Spiel- und Sportanlagen wurden neben den Spielwiesen die eigentlichen Sport- und Erholungsanlagen im Freien und in Hallen erfasst. Selbst wenn die Anlagen in Hallen ausgegrenzt werden, ist es problematisch, die beiden Unterkategorien miteinander zur Deckung zu bringen.

### 4.13  Vorgehen

Das Ziel bestand darin, die genaueren Daten auszuwählen. In Zweifelsfällen sollten die Daten als Minima und Maxima übernommen werden. Das Addieren der geschätzten Grössen führte zur Summe der dauernd und ausschliesslich für Sport, Erholung und Tourismus genutzten Flächen. Aus den Ausführungen des vorherigen Kapitels 4.12 folgt, dass für die Synthese nur die Ergebnisse der Teiluntersuchungen über die Spazier- und Wanderwege und die der touristischen Transportanlagen ohne Änderung übernommen werden konnten. Die Ergebnisse der Teiluntersuchung über die Bauten für Beherbergung und Verpflegung wurden ohne die Camping- und Caravaningplätze eingebaut. Der Vergleich der Flächenangaben über die Camping- und Caravaningplätze mit jenen der Teilstudie über die Erholungs- und Grünanlagen gemäss Arealstatistik 1979/85 führte zum Ergebnis, dass die Differenzen sehr klein sind. Folglich wurden die Daten der Arealstatistik übernommen. Aus der Teiluntersuchung über die Erholungs- und Grünanlagen gemäss Arealstatistik 1979/85 wurden dann die Golfplätze mit direkten Erhebungen konfrontiert. Danach stand fest, dass die direkten Quellen aktuelle und damit auch genauere Daten liefern. Das Hauptproblem der Synthese war die Entscheidung, ob in die Synthese die Angaben der Arealstatistik über die offenen Sportanlagen oder die

entsprechenden Angaben der Erhebungen über die Turn-, Spiel- und Sportanlagen im Freien einzubeziehen sind. Die Arealstatistik ergab gesamtschweizerisch für diese Nutzungen einen Flächenverbrauch von 5184 ha,
die Erhebung über Turn-, Spiel- und Sportanlagen nur etwa 2160 ha.
Schon im Kapitel 2.241 wurde jedoch festgehalten, dass in der Teiluntersuchung über die Turn- und Sportanlagen nur die Netto-Nutzflächen geschätzt wurden. Es wurde dort darauf hingewiesen, dass die tatsächlich
belegte Fläche für diesen Zweck „bis zu 100% grösser sein kann". Aus der
Teiluntersuchung über den Flächenverbrauch für Gastbetten und Gast-
sitzplätze wissen wir in der Tat, dass der Flächenverbrauch massgeblich
vom „Umland" der funktionalen Flächen bestimmt wird, wofür neben den
Parkplätzen die Ausnützungsziffer und der Ausbaugrad der Zonen verantwortlich sind. Aus diesem Grunde übernahmen wir die Werte aus der
Arealstatistik, obschon uns ebenfalls bekannt war, dass die Arealstatistik
die kleinflächigen Anlagen aus methodischen Gründen nicht immer erfassen konnte (vgl. die Ausführungen im Kap. 2.121).

Für die Korrektion der geschätzten Hallenflächen wurden eine Ausnützungsziffer von 0.5 und ein Ausbaugrad von 1.0 eingesetzt. Im weiteren
hat man angenommen, dass die Parkplätze auf der errechneten Grundfläche angelegt wurden.

## 4.14 Gliederung der Aggregation

Für die Synthese der Ergebnisse der Teiluntersuchungen sind drei Flächenkategorien der Bodennutzung für Sport, Erholung und Tourismus gebildet
worden:
1. Flächen für Erholungs- und Grünanlagen,
2. Flächen für Gastbetten und Sitzplätze,
3. Verkehrsflächen.

In die erste Kategorie gehören alle **Flächen** im Freien und in Bauten,
die **für Spiel-, Sport- und Erholungsaktivitäten** genutzt werden. Namentlich erfasst werden:
  11  Offene Sportanlagen
  12  Öffentliche Parkanlagen
  13  Spielwiesen
  14  Hallen für Spiel, Sport und Erholung
  15  Familengärten
  16  Golfplätze

Die Unterkategorien 11 bis 14 werden in der Nutzungsplanung als Bauzone, die Unterkategorien 15 und 16 als Erholungszone (Grünzone, Freihaltezonen) ausgewiesen. Die Unterkategorien 11 bis 15 dienen primär der Bedürfnisbefriedigung der Einwohner, die Unterkategorie 16 jener der Touristen.

Die **Flächen für Gastbetten und Sitzplätze** sind touristisch motivierte Bodennutzungen. Auch sie bilden im Nutzungsplan eine Kategorie der Bauzone. Namentlich unterschieden wurde zwischen

21 Hotels

22 Parahotellerie (Freizeithäuser und -wohnungen, Massenunterkünfte, Jugendherbergen)

23 Camping und Caravaning

24 Gaststätten, Restaurants usw. (auch in Hotels)

Die dritte Gruppe besteht aus **Verkehrsflächen,** die in touristischen Gebieten der inneren Erschließung und/oder überall den mobilen **Erholungsaktivitäten** dienen. Sie gliedern sich in

31 Spazier- und Wanderwege und

32 touristische Transportanlagen (Bergbahnen)

In der Nutzungsplanung werden die Verkehrsflächen im Rahmen der Erschliesungsplanung behandelt und bilden daher keine Nutzungszone im Sinne des Gesetzes. Auch die Arealstatistik betrachtet die Verkehrsflächen als eine Flächenkategorie für sich.

## 4.2  Ergebnisse

### 4.21  Gesamtschweizerische Übersicht

### 4.211 Flächenverbrauch

Die Auswertungen beziehen sich generell auf Flächen und nicht auf Mengen. Die letzteren können, sofern erwünscht, den Resultaten der einzelnen Teiluntersuchungen entnommen werden. Tabelle 4.2/1 zeigt eine gesamtschweizerische Übersicht über die Flächen für Spiel, Sport und Erholung in absoluten Zahlen. Die entsprechenden Pro-Kopf- und Pro-Gastbett-Werte sind in Tabelle 4.2/2 enthalten.

| Flächen für Spiel, Sport und Erholung | Totalfläche in ha | | | Flächenanteile in % | |
|---|---|---|---|---|---|
| | Minimum | Mittel | Maximum | grob | fein |
| **Erholung- und Grünanlagen** | | 12265 | | 33.9 | 100.0 |
| Offene Sportanlagen | | 5184 | | | 42.3 |
| Hallen für Spiel, Sport | | 568 | | | 4.6 |
| Öffentliche Parkanlagen | | 2661 | | | 21.7 |
| Spielwiesen | | 422 | | | 3.4 |
| Golfplätze | | 1867 | | | 15.2 |
| Familiengarten | | 1563 | | | 12.7 |
| **Gastbetten, Sitzplätze** | | 14041 | | 38.8 | 100.0 |
| Hotels | | 1560 | | | 11.1 |
| Parahotellerie | | 10441 | | | 74.4 |
| Camping, Caravaning | | 908 | | | 6.5 |
| Sitzplätze | | 1132 | | | 8.1 |
| **Erschliessungsanlagen** | 4300 | 9884.5 | 15469 | 27.3 | 100.0 |
| Spazier- und Wanderwege | 4253 | 9830 | 15407 | | 99.4 |
| Bergbahnen | 47 | 55 | 62 | | 0.6 |
| **Total** | **30606** | 36190.5 | **41775** | 100.0 | |

Tabelle 4.2/1
Flächen für Sport, Erholung und Tourismus in der Schweiz (1985/95)

In den Jahren 1985/95 betrug die Gesamtfläche der Grundnutzungen für Sport, Erholung und Tourismus in der Schweiz 30'000 bis 42'000 ha, im Mittel etwa 36'000 ha. Das sind weniger als 1 % der Landesfläche und dennoch etwa 55 m2 pro Einwohner. Von der Gesamtfläche entfielen rund 34% auf Erholungs- und Grünanlagen, rund 39% auf Gaststätten und Sitzplätze und etwa 27% auf Verkehrsanlagen. Bei den Erholung- und

Grünanlagen besassen mit 42.3 % die offenen Sportanlagen den grössten Anteil. Ihnen folgten die öffentlichen Parkanlagen mit 21.7%. In der Kategorie der Gastbetten und Sitzplätze überwog mit 74.4% die Parahotellerie. Die Erschliessungsanlagen bestanden zu 99.4% aus Spazier- und Wanderwegen.

| Flächen für Spiel, Sport und Erholung | F/E in m2 | F*/E in m2 Mittel | F*/B in m2 |
|---|---|---|---|
| **Erholung- und Grünanlagen** | **19.02** | **16.36** | **13.46** |
| Offene Sportanlagen | 8.30 | 8.30 | |
| Hallen für Spiel, Sport | 0.87 | 0.87 | |
| Öffentliche Parkanlagen | 4.12 | 4.12 | |
| Spielwiesen | 0.65 | 0.65 | |
| Golfplätze | 2.66 | | 13.46 |
| Familiengärten | 2.42 | 2.42 | |
| **Gastbetten, Sitzplätze** | **21.52** | | **101.14** |
| Hotels | 2.39 | | 11.25 |
| Parahotellerie | 16.01 | | 75.27 |
| Camping, Caravaning | 1.39 | | 6.46 |
| Sitzplätze | 1.74 | | 8.16 |
| **Erschliessungsanlagen** | **14.38** | **11.87** | **12.44** |
| Spazier- und Wanderwege | 14.30 | 11.87 | 12.05 |
| Bergbahnen | 0.08 | | 0.40 |
| **Total** | **54.92** | **28.23** | **127.04** |

| F/E | = Totalfläche pro Einwohner |
|---|---|
| F*/E | = Funktionale Fläche pro Einwohner |
| F*/B | = Funktionale Fläche pro Gastbett des Erholungstourismus |

Tabelle 4.2/2
Kennzahlen der Flächenverbrauches für Sport, Erholung und Tourismus in der Schweiz (1985/95)

Von der Gesamtfläche waren im Mittel rund 22'000 ha in den Siedlungen und somit als Bauzone ausgeschieden, 4'350 ha als Erholungszone in der freien Landschaft zu finden. Knapp 10% der Siedlungsfläche der Schweiz werden somit ausschliesslich für Sport, Erholung und Tourismus genutzt.

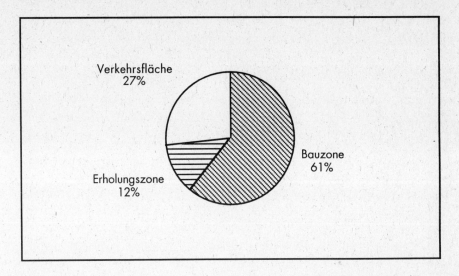

Abb. 4.2/1
Aufteilung der Flächen für Sport, Erholung und Tourismus auf die einzelnen Nutzungszonen

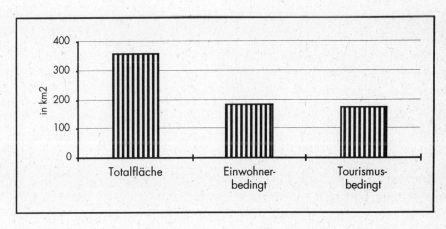

Abb. 4.2/2
Aufteilung der Flächen für Sport, Erholung und Tourismus auf die Benutzergruppen

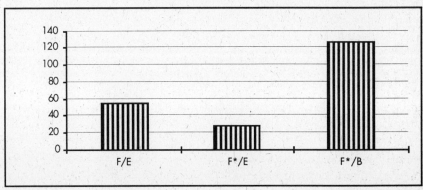

Abkürzungen siehe Tabelle 4.2/2

Abbildung 4.2/3
Funktionale Beanspruchung der Flächen für Sport, Erholung und Tourismus in m2

Funktionell betrachtet können etwa 18'600 ha der Wohnbevölkerung und 17'600 ha dem Tourismus zugeordnet werden[1]. Pro Einwohner entspricht dies etwa 28 m2, während der Erholungstourismus 127 m2 pro Gastbett beanspruchte.

## 4.212 Kommentar

Eine Grundnutzung, die über 55 m2 pro Kopf der Einwohner beansprucht, ist eine wichtige, nicht vernachlässigbare Grösse für die Raumplanung. Von der ermittelten Grundnutzungsfläche von rund 36'000 ha für Sport, Erholung und Tourismus befanden sich über 60% in der Bauzone, nur etwa 12% bildeten eine eigene Erholungszone und 27% sind Verkehrsflächen. Insbesondere der kleine Anteil der eigentlichen Erholungszonen ist typisch für die heutige Situation der Nutzungsplanung in der Schweiz: Die für Spiel, Sport und Erholung benötigten Flächen werden nur in den Siedlungsgebieten als Nutzungszone ausgeschieden, wobei sie eine Kategorie der Bauzone bilden. Die nominalen Erholungszonen ausserhalb der Bauzone beschränken sich auf Familiengärten, Campingplätze und Golfplätze.

Der funktionale Wert von 28 m2 pro Einwohner steht im Einklang mit den provisorischen Richtlinien[2] des ORL-Institutes. Der wesentlich grössere funktionale Bedarf des Erholungstourismus pro Gastbett war schon aufgrund der Teiluntersuchung über die Beherbergung und Verpflegung bekannt. Dazu ist allerdings erstens zu bemerken, dass absolut betrachtet die von den Einwohnern genutzten Flächen und jene der Touristen beinahe gleich gross sind. Zweitens ist zu beachten, dass die vom Tourismus beanspruchten Flächen massgeblich zulasten der Beherbergung und Verpflegung und weniger auf Konto der Erholung der Gäste im Freiraum zu verbuchen sind.

---

[1] Den Einwohnern wurden die offenen Sportanlagen, die Hallenflächen für Sport und Spiel, die öffentlichen Parkanlagen, die Spielwiesen und die Familiengärten zugeteilt. Die Golfplätze, die Flächen für Gastbetten und Sitzplätze sowie die Bergbahnflächen wurden dem Tourismus zugeordnet. Einzig die Fläche für Spazier- und Wanderwege musste aufgeteilt werden. Dies erfolgte im Verhältnis der Bettenzahl des Erholungstourismus zur Einwohnerzahl der Schweiz.

[2] Für Erholung und Sport sind im Minimum 14.2, im Maximum 28 m2 pro Einwohner angegeben. Siehe Maurer, J. und Eugster, W.: Flächenbedarf und Standortbedingungen von öffentlichen Bauten und Anlagen. Erläuterungen zu „Öffentliche Bauten und Anlagen für flächenautarke Gebiete". Blatt 515 501. Zürich 1966

## 4.22 Kantonale Übersichten

### 4.221 Flächenverbrauch

Tabelle 4.2/3 zeigt die kantonalen Flächen für Erholungs- und Grünanlagen, Beherbergung und Verpflegung sowie für Verkehrsanlagen, Tabelle 4.2/4 enthält die entsprechenden Pro-Kopf-Werte.

| Kan-ton | Tot E+G ha | Tot B+S ha | Tot VF Min | Max ha | TOT S/E/T Min ha | Max ha |
|---|---|---|---|---|---|---|
| ZH | 2142.8 | 27.0 | 249.9 | 897.8 | 2419.7 | 3067.5 |
| BE | 1494.4 | 1750.8 | 709.1 | 2613.5 | 3954.3 | 5858.7 |
| LU | 575.1 | 276.0 | 180.3 | 677.9 | 1031.4 | 1529.0 |
| UR | 35.8 | 149.8 | 78.7 | 270.7 | 264.3 | 456.4 |
| SZ | 105.4 | 281.8 | 71.2 | 234.6 | 458.4 | 621.8 |
| OW | 30.6 | 242.7 | 81.7 | 289.2 | 355.0 | 562.5 |
| NW | 64.5 | 93.5 | 39.1 | 124.4 | 197.1 | 282.3 |
| GL | 39.0 | 162.4 | 63.2 | 202.2 | 264.6 | 403.5 |
| ZG | 163.1 | 35.1 | 48.1 | 173.7 | 246.2 | 371.8 |
| FR | 509.3 | 424.4 | 70.7 | 261.6 | 1004.4 | 1195.4 |
| SO | 426.1 | 10.4 | 109.2 | 414.7 | 545.7 | 851.2 |
| BS | 287.8 | 0 | 3.8 | 11.5 | 291.6 | 299.3 |
| BL | 428.9 | 16.9 | 58.7 | 217.3 | 504.5 | 663.1 |
| SH | 158.2 | 6.2 | 38.6 | 143.4 | 203.0 | 307.8 |
| AR | 40.3 | 149.5 | 65.3 | 238.6 | 255.0 | 428.3 |
| AI | 6.9 | 65.5 | 36.7 | 133.2 | 109.1 | 205.6 |
| SG | 692.4 | 618.6 | 305.7 | 1145.7 | 1616.7 | 2456.7 |
| GR | 521.5 | 2602.4 | 787.8 | 2445.7 | 3911.7 | 5569.5 |
| AG | 780.6 | 27.9 | 126.3 | 497.0 | 934.7 | 1305.5 |
| TG | 395.8 | 124.0 | 76.0 | 297.1 | 595.7 | 816.9 |
| TI | 456.3 | 1989.1 | 271.5 | 1065.3 | 2717.0 | 3510.8 |
| VD | 1329.9 | 1181.7 | 222.8 | 840.7 | 2734.4 | 3352.3 |
| VS | 623.6 | 3545.8 | 379.1 | 1402.6 | 4548.5 | 5572.0 |
| NE | 328.5 | 138.7 | 109.2 | 409.5 | 576.4 | 876.6 |
| GE | 535.7 | 11.0 | 12.4 | 45.7 | 559.1 | 592.4 |
| JU | 93.4 | 109.90 | 105.3 | 415.8 | 308.6 | 619.1 |

| | |
|---|---|
| E+G | = Fläche für Erholungs- und Grünanlagen |
| B+S | = Fläche für Beherbergung und Verpflegung |
| VF | = Verkehrsfläche |
| S/E/T | = Totalfläche für Sport, Erholung und Tourismus |

Tabelle 4.2/3
Flächen für Sport, Erholung und Tourismus in den Kantonen (1985/95)

| Kan-ton | E+G m2/E | B+S m2/E | VFmin m2/E | VFmax m2/E | (S/E/T)min m2/E | (S/E/T)max m2/E |
|---|---|---|---|---|---|---|
| ZH | 18.7 | 0.2 | 2.2 | 7.9 | 21.1 | 26.8 |
| BE | 15.8 | 18.9 | 7.7 | 28.2 | 42.4 | 63.0 |
| LU | 18.2 | 9.0 | 5.9 | 22.1 | 33.1 | 49.4 |
| UR | 10.3 | 44.8 | 23.5 | 80.9 | 78.6 | 136.0 |
| SZ | 10.2 | 27.3 | 6.9 | 22.7 | 44.3 | 60.1 |
| OW | 10.5 | 87.9 | 29.6 | 104.8 | 128.0 | 203.2 |
| NW | 19.6 | 30.1 | 12.6 | 40.1 | 62.4 | 89.8 |
| GL | 10.4 | 44.4 | 17.3 | 55.3 | 72.0 | 110.0 |
| ZG | 19.5 | 4.3 | 5.9 | 21.3 | 29.7 | 45.1 |
| FR | 25.2 | 21.8 | 3.6 | 13.4 | 50.6 | 60.4 |
| SO | 19.0 | 0.5 | 5.0 | 18.9 | 24.4 | 38.3 |
| BS | 14.5 | 0.0 | 0.2 | 0.6 | 14.7 | 15.1 |
| BL | 18.8 | 0.8 | 2.6 | 9.6 | 22.2 | 29.2 |
| SH | 22.4 | 0.9 | 5.5 | 20.5 | 28.8 | 43.8 |
| AR | 8.1 | 30.3 | 13.2 | 48.4 | 51.6 | 86.7 |
| AI | 4.9 | 49.9 | 27.9 | 101.4 | 82.7 | 156.1 |
| SG | 16.8 | 15.3 | 7.6 | 28.4 | 39.6 | 60.4 |
| GR | 29.5 | 156.3 | 47.3 | 146.9 | 233.2 | 332.7 |
| AG | 16.3 | 0.6 | 2.7 | 10.5 | 19.6 | 27.4 |
| TG | 20.2 | 6.4 | 3.9 | 15.4 | 30.6 | 42.1 |
| TI | 16.1 | 71.8 | 9.8 | 38.4 | 97.6 | 126.3 |
| VD | 23.7 | 21.5 | 4.0 | 15.3 | 49.2 | 60.5 |
| VS | 25.4 | 152.5 | 16.3 | 60.3 | 194.2 | 238.2 |
| NE | 20.6 | 8.9 | 7.0 | 26.2 | 36.5 | 55.7 |
| GE | 14.5 | 0.3 | 0.3 | 1.3 | 15.1 | 16.0 |
| JU | 14.0 | 17.0 | 16.3 | 64.3 | 47.3 | 95.2 |

Abkürzungen siehe Tabelle 4.2/3

Tabelle 4.2/4
Flächen pro Einwohner für Sport, Erholung und Tourismus in den Kantonen (1985/95)

Während die absoluten Werte schwer zu interpretieren sind, erweisen sich die Pro-Kopf-Werte als äusserst informationsreich. Abbildung 4.2/4 verdeutlicht synoptisch den Unterschied zwischen den Kantonen. Generell darf gesagt werden, dass die Tourismuskantone die grössten Pro-Kopf-Werte zeigen, wobei die Grössenordnung der Werte vor allem von den Pro-Kopf-Werten der Beherbergung und Verpflegung bestimmt wird. Die kleinsten Pro-Kopf-Werte haben die Stadtkantone und verstädterte Kantone, was einerseits mit dem Fehlen des Erholungstourismus und andererseits mit ihrer grossen Einwohnerzahl erklärbar ist.

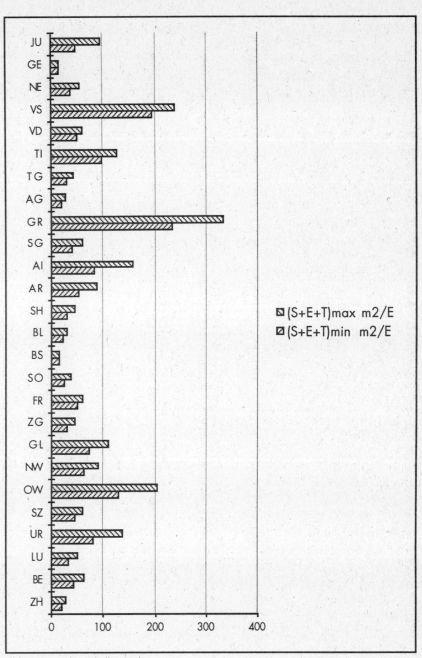

Abkürzung siehe Tabelle 4.2/3

Abbildung 4.2/4
Minima und Maxima der kantonalen Pro-Kopf-Werte für Sport, Erholung und Tourismus

Die aus der gesamtschweizerischen Zusammenstellung bekannten Kenngrössen sind in Tabelle 4.2/5 dargestellt. Der erste Block zeigt die Verteilung der Gesamtflächen für Sport, Erholung und Tourismus in % auf die Bauzonen, Erholungszonen und Verkehrsflächen. Die Anteile der Erholungzonen sind auch in Abbildung 4.2/5 dargestellt. Die nächste Spalte enthält die Anteile der in der Bauzone liegenden Flächen am Siedlungsgebiet der einzelnen Kantone (siehe auch Abbildung 4.2/6). Die letzten beiden Spalten orientieren über die funktionale Zuordnung der Flächen, d.h. die Anteile der von den Einwohnern und von den Touristen genutzten Flächen. Diese Relationen der von den Einwohnern und den Touristen genutzten Flächen sind auch aus Abbildung 4.2/7 ersichtlich.

| Kanton | BZ in % | EZ in % | VF in % | BZ/SG in % | EEF/SET in % | TEF/SET in % |
|--------|---------|---------|---------|------------|--------------|--------------|
| ZH | 52.6 | 26.5 | 20.9 | 4.6 | 87.5 | 12.5 |
| BE | 57.2 | 8.9 | 33.9 | 8.1 | 55.2 | 44.8 |
| LU | 49.5 | 17.0 | 33.5 | 6.1 | 61.3 | 38.7 |
| UR | 48.5 | 3.1 | 48.5 | 10.9 | 49.7 | 50.3 |
| SZ | 66.7 | 5.0 | 28.3 | 8.9 | 42.4 | 57.6 |
| OW | 56.5 | 3.1 | 40.4 | 19.7 | 39.9 | 60.1 |
| NW | 54.2 | 11.7 | 34.1 | 11.3 | 44.4 | 55.6 |
| GL | 56.1 | 4.2 | 39.7 | 12.0 | 44.5 | 55.5 |
| ZG | 40.8 | 23.4 | 35.9 | 5.0 | 66.8 | 33.2 |
| FR | 64.2 | 20.7 | 15.1 | 7.0 | 45.7 | 54.3 |
| SO | 50.7 | 11.8 | 37.5 | 4.2 | 85.2 | 14.8 |
| BS | 68.0 | 29.4 | 2.6 | 7.7 | 99.6 | 0.4 |
| BL | 55.1 | 21.2 | 23.6 | 4.7 | 93.1 | 6.9 |
| SH | 51.8 | 12.5 | 35.6 | 4.5 | 91.2 | 8.8 |
| AR | 54.7 | 0.9 | 44.5 | 11.1 | 48.0 | 52.0 |
| AI | 43.5 | 2.5 | 54.0 | 11.6 | 49.2 | 50.8 |
| SG | 53.1 | 11.3 | 35.6 | 7.1 | 58.8 | 41.2 |
| GR | 59.1 | 6.8 | 34.1 | 25.1 | 34.7 | 65.3 |
| AG | 57.1 | 15.1 | 27.8 | 3.4 | 88.3 | 11.7 |
| TG | 50.8 | 22.8 | 26.4 | 3.8 | 71.1 | 28.9 |
| TI | 72.2 | 6.3 | 21.5 | 18.5 | 29.2 | 70.8 |
| VD | 66.7 | 15.8 | 17.5 | 8.7 | 49.2 | 50.8 |
| VS | 73.8 | 8.5 | 17.6 | 28.8 | 22.5 | 77.5 |
| NE | 49.7 | 14.6 | 35.7 | 6.9 | 68.1 | 31.9 |
| GE | 73.9 | 21.1 | 5.0 | 5.6 | 88.9 | 11.1 |
| JU | 41.5 | 2.4 | 56.2 | 5.3 | 66.8 | 33.2 |
| CH | 60.7 | 12.0 | 27.3 | 9.1 | 51.3 | 48.7 |

BZ = Fläche als Bauzone ausgeschieden
EZ = Fläche als Erholungszone ausgeschieden
VF = Fläche als Verkehrsfläche bezeichnet
SG = Siedlungsgebiete gemäss Arelastatistik 1979/85
EEF = Fläche funktional den Einwohnern zugeordnet
TEF = Fläche funktional dem Tourismus zugeordnet
SET = Gesamtfläche für Sport, Erholung und Tourismus

Tabelle 4.2/5

Kantonale Kenngrössen der Flächen für Sport, Erholung und Tourismus

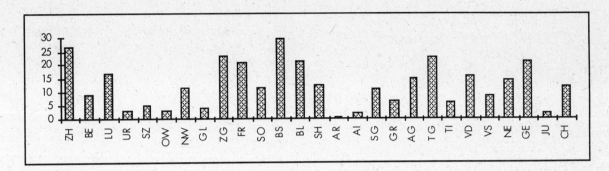

Abb. 4.2/5
Anteil der Erholungszonen in % nach den Kantonen

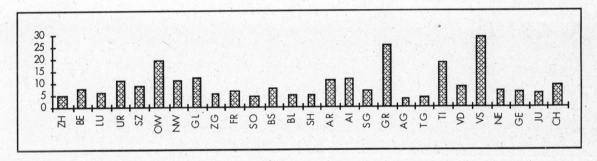

Abb. 4.2/6
Anteil der Flächen für Sport, Erholung und Tourismus innerhalb der Bauzonen in % nach den Kantonen

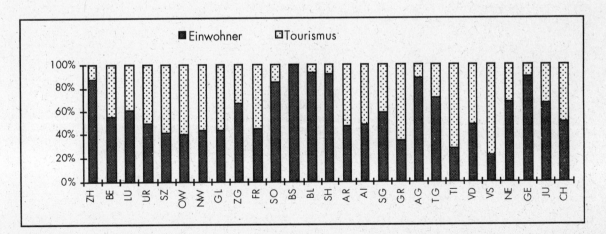

Abb.4.2/7
Relation zwischen den der Wohnbevölkerung und den dem Tourismus funktional zugeordneten Flächen

### 4.222 Kommentar

Wurde das gesamtschweizerische Mittel der Flächen für Sport, Erholung und Tourismus pro Einwohner noch mit 54.9 m2 errechnet, so haben die kantonalen Auswertungen ergeben, dass dieser Wert in touristisch bedeutsamen Kantonen über 200 m2, ja im Falle Graubündens sogar über 300 m2 klettern konnte. Im Gegenzug war dieselbe Kopfquote in den verstädterten, bevölkerungsreichen Kantonen, teils aber auch in ländlich geprägten Kantonen, sehr tief.

Die Kantone Schwyz, Freiburg, Basel Stadt, Tessin, Waadt, Wallis und Genf hatten überdurchschnittlich grosse Werte für Sport-, Erholungs- und Tourismusflächen als Teil der Bauzonen. Für die Stadtkantone Basel und Genf ist dieser Befund einleuchtend. Wallis und Tessin hatten grosse Areale für Freizeitwohnungen ausgeschieden, aber für die hohen Werte in den übrigen Kantonen gibt es keine überzeugende Erklärung. Auch die Anteile dieser Flächen an den Siedlungsgebieten der Kantone helfen die Zusammenhänge nur teilweise zu erhellen. Merkbar überdurchschnittlich war der Bestand der Erholungszonen ausserhalb der Bauzonen in den Kantonen Zürich, Luzern, Zug, Freiburg, Basel Stadt, Thurgau und Genf. In den städtischen Kantonen könnte dieser Befund mit den Familiengärten, in den anderen Kantonen mit den Camping- und Golfplätzen erklärt werden, obschon die letztgenannten nicht ausgeprägte Tourismuskantone sind. Interessant sind auch die hohen Werte für Wanderwege und Bergbahnen in den Kantonen Uri, Obwalden, Glarus, den beiden Appenzell sowie dem Jura. Aus der Teilstudie über die Spazier- und Wanderwege wissen wir, dass diese Kantone auch hohe bzw. sehr hohe Pro-Kopf-Werte für Wege haben.

Überdurchschnittlich gross sind die Anteile der funktional den Einwohnern zugeordneten Flächen in den Kantonen Zürich, Zug, Solothurn, beider Basel, Schaffhausen, Aargau, Thurgau, Neuenburg, Genf und Jura, d.h. in den Kantonen ohne Erholungstourismus. Umgekehrt verfügen die Tourismuskantone Obwalden, Graubünden, Tessin und Wallis über einen hohen Anteil an funktional den Touristen zugeordneten Flächen. Eine Zwischenstellung nehmen die übrigen Kantone ein, d.h. Bern, Luzern, Uri, Schwyz, Nidwalden, Glarus, Freiburg, beide Appenzell, St. Gallen und Waadt.

### 4.23 Regionale/lokale Synthesen

Wie schon im Kapitel 4.11 angedeutet, können die Ergebnisse der Teiluntersuchungen bezogen auf die regionale/lokale Ebene nur indirekt ausgewertet werden, da ihre räumlichen Bezugseinheiten verschieden sind bzw. weil in einigen Teiluntersuchungen die regionale und/oder lokale Ebene gar nicht ausgewertet wurde. Unter indirekter Auswertung wird hier die Auswertung der Kommentare und Aussagen der Teiluntersuchungen verstanden. Das bedeutet, dass die regionalen und lokalen Ergebnisse zunächst nach den drei Flächenkategorien der Synthese gegliedert und dann auf der Grundlage der Pro-Kopf-Werte bezogen auf die drei Gebietstypen:
1. städtische Gebiete
2. ländliche Gebiete
3. touristische Gebiete
beurteilt werden. Hierbei geht es nicht um quantitativ exakte Aussagen, sondern nur um eine grobe Kennzeichnung der Sachverhalte. Zu diesem Zweck wird in einem ersten Schritt die relative Grösse der Pro-Kopf-Flächen als Angebot in den drei Gebietstypen beurteilt. In einem zweiten Schritt folgt dann die Bewertung innerhalb der einzelnen Anlagen und Gebietstypen aufgrund der Grössenordnung der Pro-Kopf-Werte.

### 4.231 Flächen für Erholungs- und Grünanlagen

Abbildung 4.2/8 zeigt die Grobwertung des Flächenangebotes in den einzelnen Unterkategorien der Erholung- und Grünflächen auf der Grundlage der Pro-Kopf-Werte.

Die Pro-Kopf-Flächen der offenen Sportanlagen sind in ländlichen Gemeinden am grössten, was damit zusammenhängen dürfte, dass jede Gemeinde mindestens einen eigenen Fussballplatz besitzen will. Die entsprechenden Werte für die Parkanlagen dürften in städtischen Siedlungen und in touristischen Regionen relativ am grössten sein. Spielwiesen sind in erster Linie an städtische Siedlungsgebiete gebunden. Hallen für Spiel, Sport und Erholung sind ebenfalls vor allem in städtischen Gebieten und in Touristenorten vorhanden. Die Familiengärten wiederum sind städtische Erholungsanlagen. Golfplätze hingegen sind zur Zeit noch eher in touristisch bedeutsamen Regionen zu finden.

Werden die drei Gebietstypen synoptisch betrachtet, fällt auf, dass die Pro-Kopf-Werte der Erholungs- und Grünflächen in städtischen Gebieten und touristischen Regionen flächenmässig gleich grosse Dimensionen haben, nur die Struktur des Angebotes ist verschieden. In ländlichen Gebieten dürfte dieses Angebot kleiner sein. Absolut gesehen bedeutsam ist in diesem Gebietstyp nur der höchste Pro-Kopf-Wert für offene Sportanlagen.

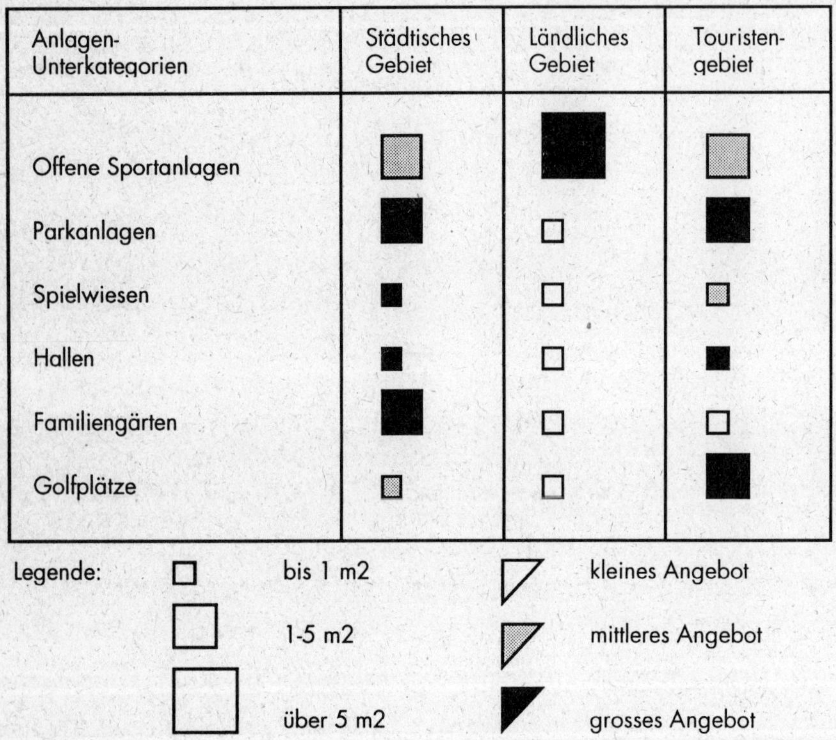

| Anlagen-Unterkategorien | Städtisches Gebiet | Ländliches Gebiet | Touristengebiet |
|---|---|---|---|
| Offene Sportanlagen | ■ | ■ | ■ |
| Parkanlagen | ■ | □ | ■ |
| Spielwiesen | ■ | □ | ■ |
| Hallen | ■ | □ | ■ |
| Familiengärten | ■ | □ | □ |
| Golfplätze | ■ | □ | ■ |

Legende:
□ bis 1 m2          ◸ kleines Angebot
□ 1-5 m2            ◸ mittleres Angebot
□ über 5 m2        ◸ grosses Angebot

Abb. 4.2/8
Synopse der regionalen/lokalen Pro-Kopf-Werte für Erholungs- und Grünanlagen

## 4.232 Flächen für Beherbergung und Verpflegung

Die Flächen für Beherbergung und Verpflegung wurden in der Teilstudie nur für den Erholungstourismus ausgewertet. Daraus folgt, dass diese Flächenkategorie im Grunde nur für die touristischen Gebiete relevant ist. Einzig die Campingplätze wurden gesamtschweizerisch erfasst.

Wie aus Abbildung 4.2/9 zu sehen ist, sind die Pro-Kopf-Werte für die Parahotellerie besonders hoch. Wir kennen den hohen Flächenverbrauch für die Beherung der Gäste aus der diesbezüglichen Teiluntersuchung, allerdings wurden dort die kategorienspezifischen Flächen pro Gastbett berechnet. Da in den bedeutsamen touristischen Regionen die Zahl der Gastbetten in der Regel höher liegt als die Einwohnerzahl, erreichen die Pro-Kopf-Flächen entsprechend höhere Werte.

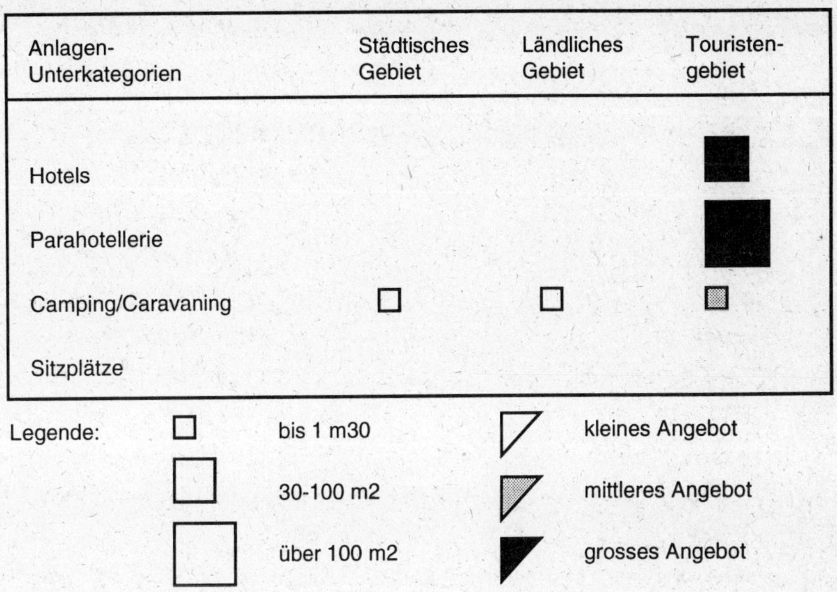

| Anlagen-Unterkategorien | Städtisches Gebiet | Ländliches Gebiet | Touristen-gebiet |
|---|---|---|---|
| Hotels | | | ■ |
| Parahotellerie | | | ■ |
| Camping/Caravaning | □ | □ | ▨ |
| Sitzplätze | | | |

Legende:　□　bis 1 m30　　◹ kleines Angebot

　　　　　□　30-100 m2　　◨ mittleres Angebot

　　　　　□　über 100 m2　　◥ grosses Angebot

Abb. 4.2/9
Synopse der regionalen/lokalen Pro-Kopf-Flächen für Beherbergung und Verpflegung

Massgeblich kleiner ist die Flächenbeanspruchung durch die Camping-und Caravaningplätze. Die an sich logische Annahme, dass das Angebot an solchen Beherbergungsmöglichkeiten in den Tourismusregionen gross ist, wird somit nicht bestätigt. Tatsache ist, dass der Anteil der Campingplätze an der Gesamtfläche für Beherbergung in der Regel weniger als 10% beträgt.

### 4.233 Verkehrsflächen

Abbildung 4.2/10 zeigt die Synopse der Verkehrsflächen: die Pro-Kopf-Werte der Spazier- und Wanderwege und die der touristischen Bergbahnen. Obschon die Dichte der Spazier- und Wanderwege in städtischen Gebieten sehr hoch ist, bleibt der Pro-Kopf-Wert wegen der hohen Einwohnerzahl sehr klein. Umgekehrt sind die entsprechenden Einwohnerquoten in touristischen Gebieten sehr hoch. Eine Zwischenstellung belegen die ländlichen Gebiete, speziell in Ausflugsregionen. Einer differenzierten Betrachtung bedürfen die Flächen für touristische Bergbahnen: Sie sind nur noch in „älteren" Tourismusregionen zu finden, aber in diesen erreichen sie dann sehr hohe Pro-Kopf-Werte.

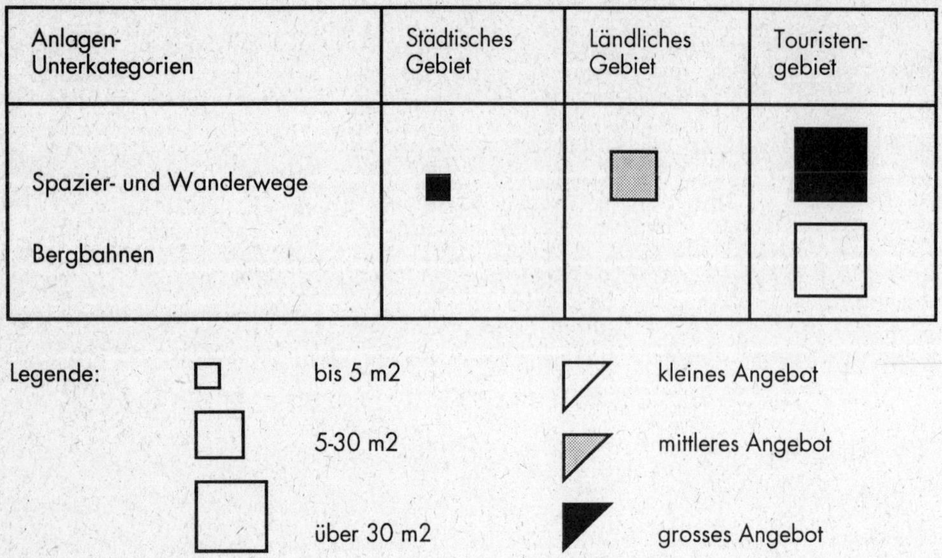

| Anlagen-Unterkategorien | Städtisches Gebiet | Ländliches Gebiet | Touristen-gebiet |
|---|---|---|---|
| Spazier- und Wanderwege | ■ | ◻ | ■ |
| Bergbahnen | | | ◻ |

Legende:   ☐   bis 5 m2            ◸   kleines Angebot

         ☐   5-30 m2           ◳   mittleres Angebot

         ☐   über 30 m2         ◣   grosses Angebot

Abb. 4.2/10
Synopse der regionalen/lokalen Pro-Kopf-Werte für Verkehrsflächen

## 4.234 Kommentar

Die Auswertung der Kommentare und Aussagen der Teiluntersuchungen aus regionaler/lokaler Sicht vertiefen die bisherigen Erkenntnisse. Erstens steht fest, dass die Flächen für stationäre Spiel-, Sport- und Erholungstätigkeiten im Vergleich mit den Flächen, die der Beherbergung und Verpflegung der Gäste dienen, relativ klein sind. Die Flächen für mobile Erholungsaktivitäten (Spazieren, Wandern) können nur in den ländlichen Gebieten und touristischen Regionen grösser sein als die für stationäre Aktivitäten. Daraus folgt, dass die Grundnutzungsfläche für Sport, Erholung und Tourismus auf regionaler/lokaler Ebene differenziert zu betrachten ist. In städtischen Gebieten ist primär die Fläche für stationäre Aktivitäten (Spielplätze, Sportplätze, Parks) bedeutend. Sie dient in erster Linie den Einwohnern. In ländlichen Gebieten übernimmt neben diesen Aktivitätsflächen die Fläche für mobile Aktivitäten (Wanderwege) eine wichtige Rolle. Neben den Einheimischen kommen damit vor allem die Tagesausflügler als Nutzniesser in Frage. In touristischen Regionen schliesslich sind die Flächen für die Berherbergung der Gäste und die Verkehrsflächen die massgebenden Grössen.

Aus der Sicht der Nutzungsplanung bringt allerdings auch die regionale/lokale Betrachtungsebene keine grossen Änderungen: In allen drei Gebietstypen überwiegen die Anteile der in der Bauzone ausgeschiedenen Flächen für Sport, Erholung und Tourismus. Einzig in ländlichen Ausflugsgebieten könnte es dazu kommen, dass auch die Verkehrsflächen (Wanderwege) gleiche Grössenordnungen erreichen wie die Erholungs- und Grünflächen in der Bauzone. Dies nicht zuletzt deshalb, weil die Erholungs- und Grünflächen in der Bauzone sehr klein sind.

## 4.3  Zusammenfassung und Folgerungen

### 4.31  Wichtige Ergebnisse der Untersuchung

• Um die Jahre 1985/95 betrug der gesamtschweizerische Flächenverbrauch für Sport, Erholung und Tourismus etwa 36'000 ± 6'000 ha. Davon entfielen auf Erholungs- und Grünanlagen 34%, Spazier- und Wanderwege sowie Bergbahnen 27% und auf Beherbergung und Verpflegung von Touristen 39%.

• Bei den Erholungs- und Grünanlagen hatten die offenen Sportanlagen mit 47% den grössten Anteil. Ihnen folgten an zweiter Stelle die öffentlichen Parkanlagen (22%) und an dritter die Golfplätze (15%)! Das grösste Kontingent der Berherbergung und Verpflegung entfiel mit 73.4% auf die Freizeithäuser und -wohnungen. Bei den Verkehrsflächen waren mit mehr als 99% die Spazier- und Wanderwege dominierend.

• Rund 22'000 ha der verbrauchten Flächen befanden sich in den Baugebieten der Gemeinden. Das waren 61% der Gesamtfläche für Sport, Erholung und Tourismus. Als eigenständige Erholungszone wurden nur 4'350 ha oder 12% der Gesamtfläche ausgeschieden. 27% entfielen auf die Verkehrsflächen.

• Der Pro-Kopf-Flächenverbrauch für Sport, Erholung und Tourismus dürfte im Durchschnitt etwa 55 m2 erreicht haben. Davon beanspruchte die einheimische Bevölkerung nur 28 m2 pro Einwohner. Der Rest wurde von Touristen genutzt, sodass pro Gastbett etwa 127 m2 Fläche verbraucht wurden.

• Die kantonalen Auswertungen zeigten ein sehr differenziertes Bild: Den kleinsten Flächenverbrauch für Sport, Erholung und Tourismus verzeichnete mit rund 15 m2 pro Einwohner der Kanton Basel Stadt. Das Maximum wurde für den Kanton Graubünden auf 283 ± 50 m2 pro Einwohner geschätzt. Im Kanton Basel Stadt betrug der Anteil der Erholungs- und Grünflächen an der Gesamtfläche über 95%. Im Kanton Graubünden erreichte die gleiche Flächenkategorie nur etwa 10%.

• In Kantonen mit bedeutsamem Tourismus wurde der Flächenverbrauch für Sport, Erholung und Tourismus entscheidend vom Flächenverbrauch der Bauten für Beherbergung und Verpflegung bestimmt. Innerhalb dieser Kategorie waren die Flächen für Ferienhäuser und -wohnungen die massgebenden Komponenten. Über dem gesamtschweizerischen Durchschnittswert standen allerdings nur vier Kantone: Appenzell Ausser Rhoden (78%), Graubünden (75%) Tessin (79%) und Wallis (83%).

• Die Ergebnisse der regionalen und lokalen Auswertungen können dahingehend interpretiert werden, dass durch die räumliche Konkretiserung der

Betrachtungsebenen die Differenzierung der Kenngrössen (Minima/Maxima) weiter verstärkt wird.

## 4.32   Zur Vollständigkeit der Untersuchung

Nach der Präsentation der Ergebnisse der Synthese stellt sich unwillkürlich die Frage, ob im Rahmen der fünf Teiluntersuchungen alle relevanten Grundnutzungsflächen für Sport, Erholung und Tourismus erfasst werden konnten. Diese Frage ist umso mehr berechtigt, als die Teiluntersuchungen **vorhandenes** Informationsmaterial ausgewertet haben, und deshalb die Möglichkeit nicht auszuschliessen ist, dass über bestimmte Aktivitäten/Anlagern/Flächen keine Statistik besteht oder noch keine erstellt werden konnte (neue Aktivitäten).

Wie bekannt, haben wir die Grundnutzungsflächen für Sport, Erholung und Tourismus in drei Kategorien zusammengefasst. Die Flächen für Erholungs- und Grünanlagen, welche vollumfänglich Spiel-, Sport- und Erholungsaktivitäten dienen, sind mit Hilfe der Arealstatistik 1979/85 und der Berichte des Bundesamtes für Statistik über die Turn- und Sportanlagen in der Schweiz (1975 und 1986) geschätzt worden. Die beiden Erhebungen des gleichen Bundesamtes dürften ohne Zweifel das gesamte Spektrum der relevanten festen Erholungs- und Grünanlagen abgedeckt haben, sodass hier nach Lücken zu suchen nicht sinnvoll wäre. Neue Aktivitäten, wie z.B. In-Line Skating, Rollschuh- oder Rollbrettfahren, Streetball, können durchaus auf bestehenden Einrichtungen (Strassen, Plätze, Trockenplätze, Leichtathletikanlagen usw.) ausgeübt werden. Die nicht direkt berücksichtigten Spezialanlagen aus den Erhebungen über die Turn- und Sportanlagen sind in dieser Hinsicht nicht erheblich: die Finnenbahnen sind flächenmässig ohne Bedeutung, die Fitnessparcours gehören eher zu den überlagernden Einrichtungen und die Boccia-Anlagen wurden teilweise mit den offenen Sportanlagen erfasst.

Die Vollständigkeit der Flächen der zweiten Kategorie ist ebenfalls unbestritten, werden doch die touristischen Beherbergungs- und Verpflegungsmöglichkeiten in der Schweiz seit Jahrzehnten gut und umfassend dukumentiert. Die in der Untersuchung weggelassenen „Sonstigen Gaststättenbetriebe" haben zum Teil mit Sport, Erholung und Touriusmus nichts zu tun (Betriebskantinen usw.)

Die dritte Kategorie besteht aus relevanten Verkehrsflächen, namentlich aus Wanderwegflächen und Bergbahnflächen. Nicht erfasst wurden die Fahrradwege generell und die Mountain-Bike-Wege speziell. Nicht berücksichtigt wurden auch die Reitwege. Zu den Fahrradwegen ist zu sagen, dass diese eher der Erschliessung von Zielen dienen als dem Sport oder der Erholung. Die Mountain-Bike-Wege überlagern teils Wanderwege, teils Wirtschaftswege. Feste Weganlagen für diesen Zweck sind heute noch sehr rar. Die Reitwege hingegen werden mehr und mehr als eigenständige feste Erholungsanlagen ausgebaut. Leider besteht zur Zeit über sie keine gesamtschweizerische Dokumentation.

Zusammenfassend darf also festgehalten werden, dass die Untersuchung alle flächenhaften festen Anlagen für Sport, Erholung und Tourismus erfasst hat. Bei den festen bandartigen Anlagen fehlen die Reitwege. Wegen dieser Lücke ist jedoch das Gesamtresultat gewiss nicht in Frage zu stellen.

### 4.33  Zur Gültigkeit und Genauigkeit der Aussagen

Die 5 Teilstudien verarbeiteten unterschiedlich datierte Dokumente:

a) Zur Erfassung der Erholungs- und Grünanlagen benutzten wir die Arealstatistik 1979/85, für die Golfplätze wurden zudem Quellen aus dem Jahr 1995 verwendet.

b) Der Flächenverbrauch durch Turn- Spiel- und Sportanlagen wurde aus Erhebungen der Jahre 1975 und 1986 geschätzt.

c) Die Grunddaten zur Schätzung der von Spazier- und Wanderwegen belegten Flächen wurden am Anfang der 90er Jahre erabeitet.

d) Die letzte Zusammenstellung über die touristischen Transportanlagen wurde 1991 publiziert.

e) Die Unterlagen über die touristischen Berherbergungsmöglichkeiten in der Schweiz datieren aus dem Jahre 1986. Die Schätzungen für die Sitzplatzflächen basieren auf Erhebungen in 1975 und 1985.

In der Synthese wurden die Ergebnisse der Studie mit dem Zeitbezug von 1985/95 präsentiert. Bereits die Teiluntersuchung über die Turn-, Spiel- und Sportanlagen hat aber gezeigt, dass innerhalb einer zehnjährigen Periode grosse Änderungen möglich sind: So hat die Gesamtfläche für Turn-, Spiel und Sportanlagen in der Schweiz von 1975 bis 1986 um 23% und die Kopfquote um 20% zugenommen. Die zusätzliche Teilstudie über die Golfplätze hat ergeben, dass sich die Fläche und der Pro-Kopf-Wert innerhalb von 10 bis 15 Jahren verdoppelten.

Schon aus diesen beiden Beispielen darf man folgern, dass die Ergebnisse der Teiluntersuchungen die Situation der Bodennutzung für Sport, Erholung und Tourismus in den mittleren 90er Jahren nicht genau wiedergeben. Insbesondere darf vermutet werden, dass der absolute Flächenverbrauch für Sport, Erholung und Tourismus im Jahr 1995 grösser war als die geschätzten Grössen.

Wollen wir nun die Fehlenquoten der Teilstudien und der Synthese, die auf diesen basiert, abschätzen, so müssen wir zunächst das Verhalten der einzelnen Anlagetyp-Flächen in der Zeit näher betrachten. Schon die oben erwähnte Teilstudie über die Turn-, Spiel und Sportanlagen hat nämlich gezeigt, dass nicht alle Anlagetypen einen Flächenzuwachs aufweisen.

Generell betrachtet dürfen wir davon ausgehen, dass inbezug auf die Entwicklung der Anlagen für Sport, Erholung und Tourismus drei Verhaltensweisen zu unterscheiden sind:

1. Anlagentypen mit Flächenrückgang,
2. Anlagentypen mit gleichbeibendem Flächentotal und
3. Anlagentypen mit Flächenzuwachs.

| Kategorien/Typen | GA | TA | FV | KQV |
|---|---|---|---|---|
| *1  Flächen für Erholungs- und Grünanlagen* | *0.34* | *1.00* | | |
| 11 Offene Sportanlagen | 0.145 | 0.425 | + | 0 |
| 12 Öffentliche Parkanlagen | 0.075 | 0.215 | + | 0 |
| 13 Spielwiesen | 0.01 | 0.035 | + | 0 |
| 14 Hallen für Spiel, Sport und Erholung | 0.015 | 0.045 | + | 0 |
| 15 Familengärten | 0.04 | 0.125 | + | 0 |
| 16 Golfplätze | 0.055 | 0.155 | + | +* |
| *2  Flächen für Gastbetten und Sitzplätze* | *0.39* | *100* | | |
| 21 Hotels | 0.045 | 0.11 | 0 | −* |
| 22 Parahotellerie | 0.29 | 0.745 | + | +* |
| 23 Camping und Caravaning | 0.025 | 0.065 | + | +* |
| 24 Sitzplätze | 0.03 | 0.08 | 0 | −* |
| *3  Verkehrsflächen* | *0.27* | *1.00* | | |
| 31 Spazier- und Wanderwege | 0.27 | 0.995 | 0 | −* |
| 32 Bergbahnen | 0.00 | 0.005 | − | −* |

| | | | | |
|---|---|---|---|---|
| GA | = Gesamtanteil | + | = wachsend | |
| TA | = Kategorienanteil | 0 | = gleichbleibend | |
| FV | = Flächenverhalten | − | = abnehmend | |
| KQV | = Kopfquotenverhalten | * | = nicht kopfquotenspezifisch | |

Tabelle 4.3/1
Gewicht und Verhaltensweisen der Anlagetypen

Werden nun diese Verhaltensweisen auf die Pro-Kopf-Werte übertragen, so dürfte einleuchten, dass die beiden erstgenannten wegen des stetigen Bevölkerungswachstums zu einer Abnahme der Kopfquoten führen, während die dritte Verhaltensweise in Funktion der Grössenordnung der Flächenzunahme entweder eine gleichbleibende Kopfquote ergibt oder eine Zunahme der Quote bewirkt. Tabelle 4.3/1 zeigt nun unsere Einschätzung der Verhaltensweisen bei den relevanten Anlagentypen.

Es ist anzunehmen, dass die Anlagetypen 11 bis 15 flächenmässig in Funktion der Bevölkerungszunahme ebenfalls zunehmen, wobei jedoch die Grössenordnung der Pro-Kopf-Quoten im Rahmen der bisherigen bleibt[1]. Bei den Golfplätzen wurden die aktuellen Daten schon berücksichtigt. In der Kategorie der Beherbergung und Verpflegung wird damit gerechnet, dass die Anzahl der Hotelbetten, Campingplatz-Schlafstellen und der touristisch belegten Sitzplätze unverändert blieb[2]. Dies gilt auch für die Bettenzahl in der Parahotellerie mit Ausnahme der Zahl der nicht weiter vermieteten Betten. Für die letztere Gruppe wird eine jährliche Zuwachsrate von 1.5% angenommen[3]. In der Kategorie der Verkehrsflächen zählen allein die Wanderwege, deren Bestand mit grosser Wahrscheinlichkeit nicht zunahm.

Für die Aktualisierung der Daten sind somit nur die Anlagetypen 11 bis 15 und die Ferienhäuser- und wohnungen mit den nicht vermietbaren Betten im Anlagetyp 22 von Bedeutung. Für die erste Gruppe wird in der Periode 1985 bis 1995 mit einer Bevölkerungszunahme von 500'000 Einwohnern gerechnet[4]. Da gemäss unseren Berechnungen die Summe der Pro-Kopf-Werte für die 5 oben genannten Anlagetypen 16.4 m2 betrug[5], darf die absolute Flächenzunahme mit 820 ha angenommen werden. Die jährliche Zuwachsrate von 1.5% summiert sich für die Periode auf insgesamt 16%. Bezogen auf die 377'000 nicht vermietbaren Betten ergibt das einen Zuwachs von rund 60'000 Betten. Wenn wir pro Bett von 114 m2 Nettosiedlungsfläche ausgehen, die gemäss den Angaben im Kapitel 2.532 für die Parahotellerie in Orten mit gemischter Siedlungsstruktur angemessen ist, beträgt der entsprechende Flächenverbrauch 684 ha. Damit dürfen wir für die Periode 1985 bis 1995 mit einer Gesamtzunahme von 1'504 ha rechnen.

---

[1] Siehe Tabelle 4.2/2

[2] Alle bekannten Quellen zeigen für diese Kategorien mehr oder weniger gleichbleibende Bettenzahlen. Siehe dazu Schweizer Tourismusverband (Hrsg.): Schweizer Tourismus in Zahlen. Ausgabe 1995. Bern

[3] Die jährliche Zuwachsrate der Neuwohnungen in der Schweiz betrug um die 90er Jahre etwa 1.5%. Davon wurde etwa die Hälfte von Einzelpersonen gebaut. Siehe Bundesamt für Statistik: Wohnungstätigkeit in der Schweiz. Statistische Resultate. 9 Bauten und Wohnungen. Bern 1992. S. 7 ff.

[4] 1985 betrug die Einwohnerzahl der Schweiz etwa 6.5, in 1995 rund 7.0 Millionen.

[5] Siehe Tabelle 4.2/2

**Korrigierte Werte für die Schweiz, Stand 1995 (in ha)**

| | |
|---|---|
| Gesamtfläche für Sport, Erholung und Tourismus: | 37'695 |
| Erholungs- und Grünanlagen: | 13'085 |
| Gastbetten, Sitzplätze: | 14'725 |
| Verkehrsflächen: | 9'885 |

| Kan-tone | Zunahme E+G in ha | Zunahme B+V in ha | S/E/T Stand 1995 Min in ha | Max in ha | Mittl. FQ in % |
|---|---|---|---|---|---|
| ZH | 62.3 | 0 | 2482.0 | 3129.9 | 2.3 |
| BE | 23.2 | 82.8 | 4060.3 | 5964.7 | 2.2 |
| LU | 44.4 | 14.4 | 1090.2 | 1587.9 | 4.6 |
| UR | 2.5 | 5.6 | 272.5 | 464.5 | 2.3 |
| SZ | 17.5 | 12.1 | 488.0 | 651.4 | 5.5 |
| OW | 3.5 | 13.1 | 371.6 | 579.2 | 3.6 |
| NW | 6.3 | 3.0 | 206.4 | 291.6 | 3.9 |
| GL | 2.9 | 10.2 | 277.6 | 416.6 | 3.9 |
| ZG | 12.4 | 2.3 | 261.0 | 386.6 | 4.8 |
| FR | 51.4 | 26.2 | 1082.1 | 1273.0 | 7.1 |
| SO | 30.3 | 0.0 | 576.0 | 881.5 | 4.3 |
| BS | 3.9 | 0.0 | 295.5 | 303.2 | 1.3 |
| BL | 47.9 | 0.6 | 553.1 | 711.6 | 8.3 |
| SH | 9.2 | 0.2 | 212.4 | 317.1 | 3.7 |
| AR | 4.0 | 9.0 | 267.9 | 441.3 | 3.8 |
| AI | 0.8 | 2.1 | 112.0 | 208.5 | 1.9 |
| SG | 53.6 | 37.3 | 1707.7 | 2547.7 | 4.5 |
| GR | 31.1 | 114.5 | 4057.3 | 5715.1 | 3.1 |
| AG | 77.4 | 0.4 | 1012.6 | 1383.4 | 7.0 |
| TG | 50.2 | 2.7 | 648.7 | 869.9 | 7.5 |
| TI | 32.1 | 123.5 | 2872.6 | 3666.4 | 5.0 |
| VD | 100.0 | 71.1 | 2905.4 | 3523.4 | 5.6 |
| VS | 63.4 | 160.0 | 4771.9 | 5795.4 | 4.4 |
| NE | 14.1 | 5.2 | 595.7 | 895.9 | 2.7 |
| GE | 37.3 | 0.0 | 596.3 | 629.7 | 6.5 |
| JU | 6.0 | 6.1 | 320.6 | 631.1 | 2.6 |

| | |
|---|---|
| E+G | = Erholungs- und Grünflächen |
| B+V | = Flächen für Beherbergung und Verpflegung |
| FQ | = Fehlerquote |

Tabelle 4.3/2
Korrigierte kantonale Werte für 1995

Da unsere Berechnungen für die mittlere Flächenbeanspruchung durch Sport, Erholung und Tourismus in der Schweiz gemäss Tabelle 4.2/1 insgesamt 36'190.5 ha ergaben, beträgt die mittlere Fehlerquote rund 4%. In der gleichen Tabelle wurde die Streuung des Gesamtverbrauches mit rund ± 6'000 ha angegeben. Wir stellen fest, dass die ermittelte Differenz innerhalb der Fehlergrenze liegt.

Wenn wir von den gleichen Einflussfaktoren ausgehen, d.h. von den Bevölkerungszunahmen und von einer gesamtschweizerisch ausgeglichenen Wachstumsrate für den Zweitwohnungsbau, können auch die kantonalen Werte korrigiert werden. Tabelle 4.3/2 zeigt die Ergebnisse der Korrektion, mit den Fehlerprozenten[1]. Die Bevölkerungszunahmen wurden kantonal berücksichtigt, für die Flächenzunahmen in der Beherbergung und Verpflegung war wiederum die Zunahme der nicht weitervermieteten Betten verantwortlich.

Die Ergebnisse der kantonalen Korrekturen bestätigen grundsätzlich die niedrige gesamtschweizerische Fehlerquote. Die erheblich über dem schweizerischen Mittelwert stehenden Quoten gehen in den Mittellandkantonen (BL, AG, TG, GE) auf die starke Einwohnerzunahme und in den Bergkantonen (SZ, FR, TI, VD) auf den Zweitwohnungsbau zurück.

## 4.34 Versuch einer Prognose

Die vorhin benutzte Methode, aus dem Verhalten der einzelnen Anlagentypen auf die Entwicklung des Flächenverbrauches für Sport, Erholung und Tourismus zu schliessen, könnte sich auch für eine gesamtschweizerische Prognose als sinnvoll erweisen. Diese Prognose soll den Flächenverbrauch durch Sport, Erholung und Tourismus für das Jahr 2005 zum Inhalt haben.

Es gilt also auch für die nächsten 10 Jahre, dass

a) bestimmte Anlagen verschwinden werden oder nicht mehr weiter ausgebaut werden,

b) bestimmte Anlagen in Funktion des Bevölkerungszuwaches weiter ausgebaut werden und

c) bestimmte Anlagen unabhängig vom Bevölkerungszuwachs weiter ausgebaut werden.

---

[1] Die Addition der kantonalen Veränderungen ergibt nicht genau die gesamtschweizerische Summe, da bei der Korrektion die gesamtschweizerischen Werte stark abgerundet wurden.

In die erste Gruppe zählen wir die Hotels, Massenunterkünfte, Campingplätze, die Sitzplätze, die Spazier- und Wanderwege und die Bergbahnen. Die von ihnen belegten Flächen bleiben auch in der Zukunft erhalten.
Die zweite Gruppe umfasst die Erholung- und Grünanlagen in den Siedlungsräumen, die den Einwohnern zur Verfügung stehen. Dazu gehören die
offenen Sportanlagen, die Parkanlagen, Spielplätze, die Hallen für Spiel,
Sport und Erholung, sowie die Familiengärten.

In der dritten Gruppe schliesslich werden diejenigen touristisch motivierten
Anlagen zusammengefasst, deren Wachstum trendmässig bekannt oder
aus Erhebungen erkennbar ist. Die Trendentwicklung wird für den Zweitwohnungsbau angenommen, allerdings in zwei Varianten. Eine Variante
„Minimum" rechnet mit einer Zunahme nur für jene Ferienhäuser und -woh-
nungen, deren Betten nicht weiter vermietet werden. Die Variante „Maximum" nimmt an, dass die schon bekannte jährliche Wachstumsrate von
1.5% für den Zweitwohnungsbau gesamthaft gelten wird. Von den
Golfplätzen wissen wir, dass zur Zeit noch über 43 weitere Projekte dis-
kutiert werden[1]. Wir gehen daher davon aus, dass sich die Zahl der
Golfplätze in der Schweiz in den nächsten 10 Jahren verdoppeln wird.
Die trendmässige Entwicklung wird auch für die Bevölkerungszunahme
angenommen. Das bedeutet, dass die Schweiz um 2005 etwa 7.4 bis
7.6 Millionen Einwohner haben wird. Damit dürfen wir für die Anlagen der
zweiten Gruppe wiederum eine Flächenzunahme von 656 bis 984 ha
prognostizieren[2]. Die Flächenzunahme im Zweitwohnungsbau wird im
Minimum auf 800 ha, im Maximum auf 1460 ha geschätzt. Die Verdoppelung der Golfplätze darf auch als eine Verdoppelung der Anlageflächen interpretiert werden: Zur Zeit haben wir 1867 ha. Die zu erwartende
Zunahme der für Sport, Erholung und Tourismus genutzten Flächen dürfte
also bis zum Jahr 2005 im Minimum etwa 3320 ha, im Maximum etwa
4310 ha betragen. Es ergibt sich ein Totalverbrauch von 41'500 ± 6'000
ha. Das sind im Mittel 1 % der Landesfläche, aber 17 % bezogen auf die
Siedlungsflächen der Schweiz!

---

[1] Siehe den NZZ-Artikel: „Wie viele Golfplätze braucht die Schweiz? Nr. 100
vom 30. April/1. Mai 1994 oder den Tages-Anzeiger Artikel: „Durchaus willkom-
men: Golf fürs Volk angesagt". Montag, 5. August 1996, S. 23
[2] Die detaillierten Berechnungen sind im Anhang 3 zu finden.

| Pronostizierte Werte für die Schweiz für das Jahr 2005 (ab- bzw. aufgerundete Werte in ha) | |
|---|---|
| Gesamtfläche für Sport, Erholung und Tourismus: | 35'400 - 47'700 |
| Erholungs- und Grünanlagen: | 15'600 - 16'000 |
| Gastbetten, Sitzplätze: | 15'500 - 16'200 |
| Verkehrsflächen: | 4'300 - 15'500 |

Abbildung 4.3/1 zeigt die von den Teiluntersuchungen geschätzten Flächen für 1985/95, die in der Synthese korrigierten Flächen für 1995 und die für 2005 prognostizierten Flächen.

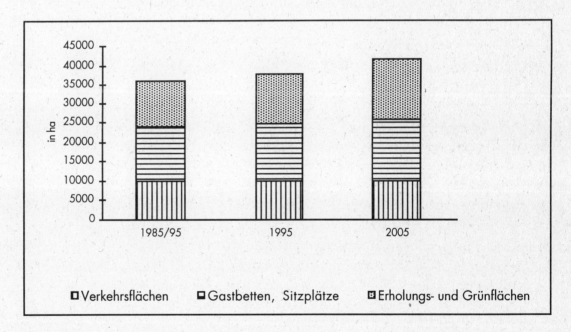

Abb. 4.3/1
Struktur und Grössenodnung der Bodennutzung für Sport, Erholung und Tourismus (Mittelwerte)

Wenn wir davon ausgehen, dass die von den Teiluntersuchungen geschätze Fläche die 80er Jahre kennzeichnet, lässt sich eine langsame aber stetige Zunahme der Flächen für Sport, Erholung und Tourismus erkennen. Aus dem prognostizierten Wert kann die Einwohnerquote berechnet werden: Sie beträgt 55.4 m2, und liegt damit knapp über dem in Tabelle 4.2/2 enthaltenen Wert. Die den Einwohnern funktional zugeordnete

Kopfquote sinkt auf 27.0 m2, die Quote pro Gastbett erhöht sich auf 137.7 m2. Das bedeutet, dass in den nächsten Jahren die touristisch genutzten Flächen stärker zunehmen werden als die Erholungsflächen der Bevölkerung (siehe auch Abb. 4.3/2).

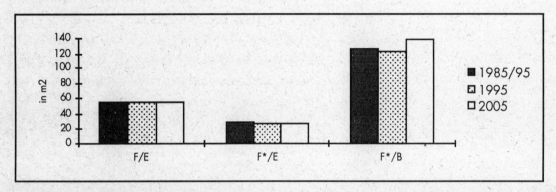

| | |
|---|---|
| F/E | = Totalfläche pro Einwohner |
| F*/E | = Funktionale Fläche pro Einwohner |
| F*/B | = Funktionale Fläche pro Gastbett |

Abb. 4.3/2
Entwicklung der funktionalen Flächen pro Einwohner und pro Gastbett

Nach der Sättigung der Nachfrage nach Golfplätzen bleibt noch der Zweitwohnungsbau der einzig flächenintensive Einflussfaktor. Unter Beachtung der heutigen Umstände (Wachstumskrise, stagnierender Tourismus, einschränkende Gesetzgebung gegenüber ausländischen Kaufinteressen) ist jedoch dem Zweitwohnungsbau kein grosses Wachstum zuzutrauen. Aus diesem Grunde darf längerfristig gesehen – sofern wir vom Flächenbedarf neuer Spiel-, Sport- und Erholungsaktivitäten absehen - ein ausgeglichenes und beruhigtes Wachstum der Grundnutzungsflächen für Sport, Erholung und Tourismus erwartet werden.

# ANHANG

**Anhang 1**

**Bezugsgebiet des Erholungstourismus
in der Teiluntersuchung „Bauten für Beherbergung
und Verpflegung"**

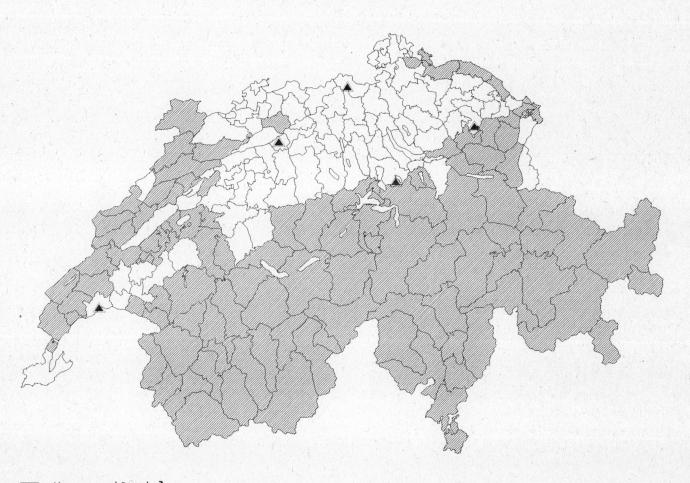

▨ Kantone und Bezirke }
▲ Gemeinden

in denen Gastbettenzahl ≥ 0.1 Einwohnerzahl

## Anhang 2

## Schätzungen für die Verteilung der Sitzplätze im Bezugsgebiet des Erholungstourismus

### Grunddaten für das Gebiet des Erholungstourismus

(Siehe auch Tabelle 3.5/1)

| | | |
|---|---|---|
| E | Einwohnerzahl | 2377871 |
| BH | Bettenzahl in Hotels | 216615 |
| BP | Bettenzahl in der Parahotellerie (inkl. Campingplätze) | 1170590 |
| SH | Sitzplätze in Hotels | 646292 |
| SV | Sitzplätze in eigenständigen Gaststätten | 742014 |

### Schätzungen

| | | |
|---|---|---|
| SHG | Sitzplätze in Hotels für Hotelgäste = BH | 216615 |
| SHR | Restsitzplätze für andere Gäste = SH–SHG | 429677 |
| | | |
| SHR | = SHT+SHE; wobei SHT zu SHE wie BP zu E | 429677 |
| SHT | = Sitzplätze in Hotels für auswärtige Touristen | 141745 |
| SHE | = Sitzplätze in Hotels für einheimische Gäste | 287932 |
| | | |
| SV | = SVT+SVE; wobei SVT zu SVE wie BP zu E | 742014 |
| SVT | = Sitzplätze in Gaststätten für Touristen | 244780 |
| SVE | = Sitzplätze in Gaststätten für Einheimische | 497234 |

| | |
|---|---|
| Sitzplatzangebot Total (SH+SV) | 1388306 |
| Für Hotelgäste (SHG) | 216615 |
| Für andere Touristen (SHT+SVT) | 386525 |
| Für Einheimische (SHE+SVE) | 785166 |

| | |
|---|---|
| Sitzplatzangebot für Touristen (SHG+SHT+SVT) | 603140 |
| Sitzplatzangebot für Touristen in Hotels (SHG+SHT) | 358360 |
| Sitzplatzangebot für Touristen in Gaststätten (SVT) | 244780 |

**Anhang 3**

**Vorgehen
bei der Prognose für den Flächenverbrauch
durch Sport, Erholung und Tourismus im Jahre 2005**

**Grunddaten**

| | |
|---|---|
| Einwohnerzahl 2005: | 7.5 Mio |
| Einwohnerzuwachs 1995 – 2005: | 0.4 - 0.6 Mio |
| Betten in Ferienhäusern und -wohnungen 1995: | 797'000 |
| davon vermietet | 360'000 |
| Bettenzuwachs 1995 – 2005 | 16% |
| Flächenzunahme der Golfplätze 1995 – 2005: | 1867 ha |
| Pro-Kopf-Wert für Erholungs- und Grünanlagen = | 16.4 m2 |
| Nettosiedlungsfläche für Zweitwohnungsbau: | 114 m2 / Bett |

**Schätzungen**

a) Erholungs- und Grünanlagen für Einwohner
400'000 * 16.4 m2 = 656 ha
600'000 * 16.4 m2 = 984 ha

b) Parahotellerie Variante 1
797000 – 360000 Betten = 437000 Betten
Zuwachs: 437000*0.16 = rund 70'000 Betten
70000*114 m2 = 798 ha
Min. Total Parahotellerie V1 = rund 800 ha

c) Parahotellerie Variante 2
797000*0.16 = 127520
127520 * 114 = 1453.7 ha
Max. Total Parahotellerie V2 = 1460 ha

d) Totale Flächenzunahme für Sport, Erholung und Tourismus
Minimum Total = 656+800+1867 (Golfplätze) = 3323 ha
Maximum Total = 984+1460+1867= 4311 ha
Totalverbrauch Mittel: 37695+(3323+4311)/2 = 41512 ha